INFORMAÇÃO

CIÊNCIA - TECNOLOGIA - PROFISSÃO
CONCEITOS EXPLICADOS

Prof. Marcão - Marcus Vinícius Pinto

Aviso de isenção de responsabilidade:

Observe que as informações contidas neste documento são apenas para fins educacionais e de entretenimento. Todos os esforços foram feitos para fornecer informações completas precisas, atualizadas e confiáveis. Nenhuma garantia de qualquer tipo é expressa ou implícita.

Ao ler este texto, o leitor concorda que, em nenhuma circunstância, os autores são responsáveis por quaisquer perdas, diretas ou indiretas, incorridas como resultado do uso das informações contidas neste livro, incluindo, mas não se limitando, a erros, omissões ou imprecisões.

ISBN: 9798476414285

Selo editorial: Independently published

Sumário

Índice de Figuras

Para minha amada Andréa,

que pode não estar sempre certa, mas

tem sempre razão.

Seja Bem-Vindo.

Pensar em tecnologia implica em pensar em meios para melhorar o acesso e a eficiência dos processos, sistemas de informações e, na raiz disso tudo, nas bases de dados que dão vida a esta estrutura.

Um sistema de informação, um aplicativo ou uma funcionalidade, disponível em qualquer plataforma, tem um alcance que ultrapassa o horizonte das vantagens pois, vez por outra, cria demandas que nem pensávamos ter. É nesse cenário que surge o profissional de tecnologia da informação e seus derivados.

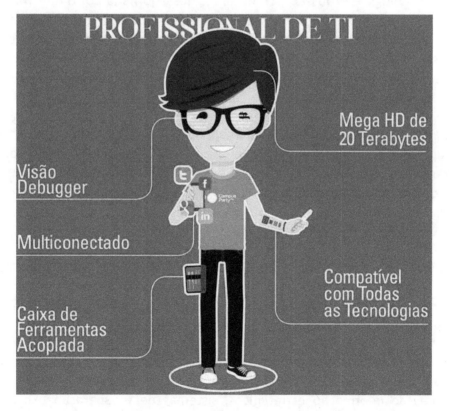

Figura 1 – O profissional de TI.

Apesar do trabalho baseado em informação não ser uma novidade esta atividade é um celeiro de constantes inovações. Sua importância é sentida a partir do primeiro Sistema de Banco de Dados, SGBD, comercial na década de 1960.

Tendo atuado no mundo da tecnologia por mais 30 anos e tendo experienciado inúmeros projetos e desafios para obter sistemas de informação eficientes, tive a iniciativa de escrever este livro para você que busca conhecimento sobre este setor.

Aqui, procurei trazer para você, em um único volume, informações básicas, conceitos, recursos necessários à profissão e melhores práticas para que você seja um excelente profissional.

No Capítulo 1, "Conceitos Fundamentais: Explorando as Bases da Informação, Ciência, Tecnologia e Profissão", começamos nossa jornada por um terreno que é ao mesmo tempo ancestral e inovador. Aqui, uma primeira abordagem remonta aos primórdios destes conceitos, estabelecendo o terreno para compreender suas relações intrincadas e dinâmicas. À medida que avança, o leitor é conduzido a ponderar sobre como essas forças se entrelaçam, atuando juntas para moldar nossas vidas e nosso futuro.

Acompanhando essa introdução fundamental, "O Desafio da Informação" emerge como um segundo capítulo central, onde a complexidade e o poder da informação são examinados sob uma lente crítica. Conforme a narrativa desdobra a matéria-prima que é a informação, cruzamos a linha do mero entendimento até a compreensão de seu papel como o sangue vital que alimenta o sistema circulatório do conhecimento humano e da inovação.

Histórias tradicionais, como a de Chapeuzinho Vermelho, são utilizadas para ilustrar como a informação pode ser dissecada e recontextualizada em várias narrativas, cada uma com sua própria cor e forma, dependendo de onde e como é apresentada.

A partir daí, é apresentado um leque de perspectivas sobre o valor intrínseco da informação, levando o leitor a reconhecer a diferenciação crucial entre informação e sistemas de informação estratégicos, sistemas de recuperação e o conceito pioneiro da Ciência da Informação.

Figura 2 – A profissão.

A Ciência da Informação, capítulo vital neste livro, é um campo de estudo multidisciplinar que se dedica a todas as facetas do conhecimento – da geração ao uso final da informação, contemplando igualmente o comportamento informacional dos indivíduos e das sociedades.

Da organização da informação, passando pelos métodos de gestão até os componentes tecnológicos que permitem a sua distribuição e conservação, este capítulo estabelece uma base sólida para o entendimento de como a informação é armazenada, categorizada, recuperada e compartilhada.

À medida que a exploração do livro prossegue, cada capítulo funciona como uma peça fundamental do grande quebra-cabeça, onde "Gerenciamento de Dados" emerge como um conceito central e contemporâneo. É neste ponto da jornada que os conceitos de curadoria e administração de dados são dissecados, fornecendo ao leitor as ferramentas para compreender como os dados podem ser coletados, processados, analisados e preservados com integridade.

Questões vitais relacionadas à ética e à legislação são também meticulosamente investigadas, enfatizando a importância de uma gestão responsável e consciente do ativo mais valioso da nossa era digital – a informação.

A história, longe de ser deixada de lado como relíquia do passado, é contemplada em toda a sua importância enquanto registro e mapa temporal na secção que discute os históricos e seu papel inestimável na análise de tendências, projeções futuras, e na compreensão profunda dos dados ao longo do tempo.

Neste contexto, padrões de modelagem temporal são explorados, permitindo ao leitor vislumbrar a importância da precisão histórica não só no contexto do passado, mas também como um reflexo vital para estratégias e políticas presentes e futuras.

Em um caminho que conduz inevitavelmente à aplicação prática de todos esses conceitos, a política de expurgo é abordada de maneira incisiva. Aqui se debate a necessidade de se manter um equilíbrio entre preservação e eliminação de dados, um dilema cada vez mais preeminente à medida que a quantidade de dados que trafegam por nossas redes e sistemas cresce exponencialmente.

"Intersecções e Conexões", explora como a informação é utilizada como um elo de ligação entre os vários campos do saber. Ao descobrirmos sinergias que talvez não tivessem sido previamente aparentes, somos levados a verdadeiras epifanias sobre como podemos integrar conhecimento de múltiplas disciplinas para enriquecer nossa compreensão e aplicação da informação na vida cotidiana.

Finalmente, "Desafios e Tendências na Era da Informação, da Ciência, da Tecnologia e das Profissões" oferece mais do que uma visão sobre o futuro. É aqui que o leitor é confrontado com as realidades emergentes e é compelido a engajar-se com o presente dinâmico e sempre evolutivo, onde a informação não é apenas uma entidade estática, mas uma força vital em constante fluidez.

Este livro é escrito tanto para aqueles engajados na prática e teoria da gestão da informação quanto para os profissionais de dados que estão moldando o futuro dos nossos sistemas informacionais.

Ele também é dedicado aos planejadores e estrategistas de tecnologia, e a todos aqueles que se preocupam em entender as complexas dinâmicas entre informação, ciência, tecnologia e profissões em um mundo em crescente interdependência.

Trago ainda um glossário detalhado para ajudar na compreensão dos termos, perguntas frequentes para esclarecer dúvidas recorrentes e uma robusta seleção de referências bibliográficas que pavimentam o caminho para pesquisas aprofundadas, garantindo ao leitor não apenas uma experiência de leitura enriquecedora, mas também uma valiosa fonte de consulta contínua.

Nesta jornada, o leitor aprenderá que não se trata apenas de dominar o volume de dados ou de se capacitar em ferramentas tecnológicas avançadas, mas de compreender profundamente a tessitura da própria realidade — uma realidade tecida com os fios de incontáveis bits e bytes de informação.

À medida que avançarmos na leitura desta obra, espera-se que cada capítulo sirva como uma chave para desbloquear as portas de novos domínios do saber. O leitor será apto não só a identificar as tendências que definem o mercado de trabalho atual e futuro, mas também a alinhar as habilidades e conhecimentos adquiridos com os desafios e oportunidades emergentes.

Boa Leitura!

Bons aprendizados!

Prof. Marcão - Marcus Vinicius Pinto

Belo Horizonte-Minas Gerais-Brasil
MVP Consult – Nós temos a solução!

1 CONCEITOS FUNDAMENTAIS: EXPLORANDO AS BASES DA INFORMAÇÃO, CIÊNCIA, TECNOLOGIA E PROFISSÕES.

No mundo atual, onde a informação e a tecnologia desempenham papéis dominantes, é essencial compreender os conceitos fundamentais relacionados a essas áreas. Neste texto, nos aprofundaremos em alguns conceitos-chave que abrangem a informação, a ciência, a tecnologia e as profissões da ciência da informação.

Além de explorar suas definições e históricos, apresentaremos teorias relevantes e forneceremos exemplos concretos. Essa abordagem busca proporcionar aos leitores uma compreensão mais robusta desses conceitos vitais em nossa sociedade contemporânea.

Informação é um conceito central em todas as esferas do conhecimento. Ela pode ser definida como um conjunto de dados organizados e processados de forma significativa, transmitindo conhecimento, ideias, fatos ou instruções aos indivíduos que a consomem. Em tempos remotos, a informação era disseminada oralmente ou por meio de documentos escritos.

No entanto, com o advento da tecnologia da informação, adquirimos a capacidade de armazenar, processar e transmitir grandes volumes de informações de maneira rápida e eficiente.

Um exemplo concreto do papel da informação em nosso mundo atual é a internet. Ela revolucionou a maneira como adquirimos, compartilhamos e acessamos informações. Através da rede global de computadores, podemos obter informações atualizadas sobre qualquer assunto, se conectar com pessoas ao redor do mundo e realizar pesquisas complexas em apenas alguns cliques.

A informação também é fundamental para a tomada de decisões em diversos campos, desde a política até a ciência e os negócios.

Em seguida, exploraremos o conceito de ciência, que é um campo de estudo que busca entender e explicar o mundo por meio da observação, experimentação e análise sistemática. Ela se baseia no método científico, que envolve a formulação de hipóteses, a coleta de dados, a análise dos resultados e a obtenção de conclusões.

Um exemplo de como a ciência nos ajuda a compreender o mundo é a teoria da evolução de Charles Darwin. Por meio de observações cuidadosas e análises sistemáticas, Darwin desenvolveu a teoria da seleção natural, que explica como as espécies evoluem ao longo do tempo. Essa teoria revolucionou nossa compreensão da vida na Terra, fornecendo uma base científica para a diversidade biológica que observamos hoje em dia. A ciência também é essencial para a descoberta de novos medicamentos, o desenvolvimento de tecnologias avançadas e a compreensão dos fenômenos naturais.

Figura 3 – A teoria evolutiva de Darwin.

Tecnologia, por sua vez, se refere ao conjunto de conhecimentos, ferramentas, técnicas e processos utilizados para criar, modificar ou aprimorar produtos, serviços ou sistemas, a fim de atender às necessidades humanas. A tecnologia desempenha um papel central em diversas áreas da nossa vida, desde a comunicação até a medicina, a indústria e a educação.

Um exemplo claro da importância da tecnologia é a revolução da Internet das Coisas (IoT), onde dispositivos conectados em rede interagem entre si e com os seres humanos. Por meio dessa tecnologia, podemos controlar dispositivos domésticos por meio de nossos smartphones, monitorar nossa saúde em tempo real e otimizar processos industriais. A tecnologia também impulsiona a inovação em campos como inteligência artificial, realidade virtual e automação, tornando-os mais acessíveis e eficientes para o benefício da sociedade.

Por fim, as profissões estão intrinsecamente ligadas a esses conceitos fundamentais. São atividades que demandam habilidades específicas, conhecimentos aprofundados e treinamento especializado para realizar tarefas específicas. Essas profissões se baseiam na informação, ciência e tecnologia para impulsionar o desenvolvimento e o avanço em diversos setores.

Por exemplo, a profissão de engenheiro de software é altamente dependente de conceitos de informação, ciência e tecnologia. Esses profissionais utilizam a informação para projetar e desenvolver software que atenda às necessidades dos usuários e das empresas. Eles aplicam princípios científicos para resolver problemas complexos e utilizam tecnologia para implementar soluções eficientes.

1.1   Uma primeira abordagem.

Aqui está uma primeira abordagem dos conceitos.

1. Informação.

A informação é um conceito central em praticamente todas as áreas do conhecimento. Ela pode ser definida como o conjunto de dados processados e organizados de forma significativa, transmitindo conhecimento, ideias, fatos ou instruções para aqueles que a consomem.

A informação desempenha um papel crucial na tomada de decisões, na resolução de problemas e na busca do conhecimento.

Historicamente, a informação era transmitida principalmente por meio da linguagem oral ou de documentos escritos. No entanto, com o advento da tecnologia da informação, ganhamos a capacidade de armazenar, processar e transmitir grandes quantidades de informações de forma rápida e eficiente.

2. Ciência.

A ciência é um campo de estudo que visa entender e explicar o mundo que nos rodeia por meio da observação, experimentação e análise sistemática. Ela se baseia na aquisição de conhecimento por meio do método científico, que envolve a formulação de hipóteses, a coleta de dados, a análise dos resultados e a obtenção de conclusões.

A ciência abrange uma ampla variedade de disciplinas, como física, química, biologia, psicologia, entre outras. Cada área possui suas teorias e conceitos específicos, que são construídos por meio de verificações rigorosas e repetidas. Essas teorias científicas nos permitem entender melhor o mundo natural e desenvolver tecnologias inovadoras.

3. Tecnologia.

A tecnologia refere-se ao conjunto de conhecimentos, ferramentas, técnicas e processos utilizados para criar, modificar ou aprimorar produtos, serviços ou sistemas para atender às necessidades humanas. Ela desempenha um papel fundamental em diferentes aspectos de nossa vida, desde a comunicação até a medicina, a indústria e a educação.

Ao longo da história, a tecnologia tem evoluído de forma significativa. Desde as primeiras invenções, como a roda e o fogo, até os avanços tecnológicos recentes, como inteligência artificial e realidade virtual, a tecnologia tem moldado e transformado o mundo ao nosso redor.

A tecnologia não se restringe apenas a dispositivos eletrônicos e digitais. Também inclui processos e técnicas utilizados em diferentes campos, como engenharia, agricultura e manufatura. Hoje em dia, a tecnologia está se tornando cada vez mais integrada em nossas vidas diárias, impulsionando a inovação e o progresso.

4. Profissões.

As profissões são atividades que requerem habilidades, conhecimentos específicos e treinamento especializado para realizar determinadas tarefas. Elas estão diretamente relacionadas às áreas de informação, ciência e tecnologia, impulsionando o desenvolvimento e o avanço em diversos setores.

As profissões podem variar amplamente, desde a medicina e o direito até a engenharia e a programação de computadores. Cada profissão tem suas próprias demandas e requisitos, exigindo um conjunto distinto de habilidades e competências.

1.2   Relacionamento entre os conceitos.

O avanço tecnológico impactou significativamente o mercado de trabalho, criando novas profissões e transformando as existentes. Profissões como cientista de dados, desenvolvedor de aplicativos móveis e especialista em segurança cibernética surgiram como resultado direto das mudanças tecnológicas.

Vejamos agora um exemplo de como esses conceitos se relacionam.

Vamos considerar a área da medicina como exemplo para ilustrar a interconexão desses conceitos fundamentais. Na medicina, a informação é essencial para diagnosticar e tratar doenças. Os médicos utilizam registros médicos eletrônicos, resultados de exames e informações clínicas para tomar decisões informadas sobre o tratamento dos pacientes, além de pesquisar e acessar constantemente informações atualizadas sobre avanços médicos e padrões de cuidados.

A ciência é a base do conhecimento médico. Os médicos precisam entender os princípios científicos por trás das doenças, dos medicamentos e dos tratamentos disponíveis. Eles conduzem pesquisas científicas para investigar novas terapias, identificar padrões de doenças e melhorar os cuidados médicos.

A tecnologia desempenha um papel vital na medicina moderna. Desde equipamentos médicos avançados, como ressonância magnética e tomografia computadorizada, até sistemas de informações hospitalares, telemedicina e desenvolvimento de medicamentos, a tecnologia médica está em constante evolução para melhorar a precisão do diagnóstico, a eficiência do tratamento e a qualidade dos cuidados aos pacientes.

As profissões na área da medicina são diversas, desde médicos e enfermeiros até farmacêuticos, pesquisadores e técnicos de laboratório. Essas profissões requerem ampla gama de conhecimentos, habilidades técnicas e ética profissional para fornecer cuidados de saúde seguros e eficazes.

Compreender esses conceitos é fundamental em um mundo cada vez mais dependente da informação e da tecnologia.

1.3   O DESAFIO DA INFORMAÇÃO.

*"O melhor uso que poderá ser feito com seus dados...
certamente será desenvolvido por outros e não por você."*

Tim Berners-Lee

A maioria dos autores, ao abordarem o tema da informação, iniciam seu pensamento argumentando que a humanidade sempre esteve ligada a uma variedade de dados e que a ubiquidade da Internet materializa um cenário informacional cada vez mais complexo.

Pois é! Aqui não poderia ser diferente, pois este contexto é o motivo dos estudos, e orientações e conclusões que trago a você neste livro.

A evolução exponencial do volume de informação disponibilizado pelas bases de dados nos sistemas de informação que alimentam aplicativos e Portais torna necessário o desenvolvimento de métodos eficientes de análise e organização de grandes quantidades de informação.

Este desafio deu origem à Ciência da Informação.

A Ciência da informação, segundo a Wikipedia, é um campo interdisciplinar principalmente preocupado com a análise, coleta, classificação, manipulação, armazenamento, recuperação e disseminação da informação. Ou seja, esta ciência estuda a informação desde a sua gênese até o processo de transformação de dados em conhecimento.

Alguns profissionais afirmam que a Ciência da Informação pode ser dividida em seis correntes teóricas. Elas são:

1. Estudos de natureza matemática (incluindo a recuperação da informação e a bibliometria).

2. Teoria sistêmica (origem em princípios da biologia).

3. Teoria crítica (fundamentam-se principalmente nas humanidades – particularmente na filosofia e na história).

4. Teorias de classificação e representação.

5. Estudos em produção e comunicação científica.

6. Estudos de usuários (seu objetivo era o de mapear características de determinada população para planejar as informações mais adequadas a serem oferecidas com fins de educação e socialização).

Dentre as áreas de estudo desta ciência eu considero que as principais são a modelagem de dados, a dicionarização e o controle de dados históricos.

O profissional que estuda e trabalha com a Ciência da Informação tem como campo de atuação todas as áreas de conhecimento do ser humano, tais como cinematecas, data centers, bibliotecas hospitais, centros culturais, organizações da administração pública e organizações privadas de todos os setores, pois todas precisam organizar, armazenar e recuperar suas informações da melhor forma possível e o mais rápido que a tecnologia permitir.

Entretanto, a ciência da informação não é resultado da evolução tecnológica atual. No século passado a primeira e a segunda guerra mundiais já haviam transformado o cenário informacional das sociedades em um cenário extremamente fértil para a gestão dos dados produzidos por todos em todos os trabalhos.

Figura 4 - Vannevar Bush.

Designado como responsável pelo Comitê Nacional de Pesquisa, posteriormente conhecido como Office for Scientific Research and Development, pelo presidente americano Flankling Roosevelt, ele tinha a missão de coordenar o trabalho de mais de 6 000 cientistas americanos e europeus. Este grupo de cientistas teve seus trabalhos e esforços direcioná-los ao enfrentamento da Segunda Guerra Mundial. de guerra.

Ao final da segunda guerra ele definiu a estruturação do sistema de pesquisa norte-americano, apresentado em um relatório submetido ao então Presidente Truman com o nome de *"Science, the endless frontier"*, Bush (1945). Uma imagem deste relatório está apresentada na figura a seguir.

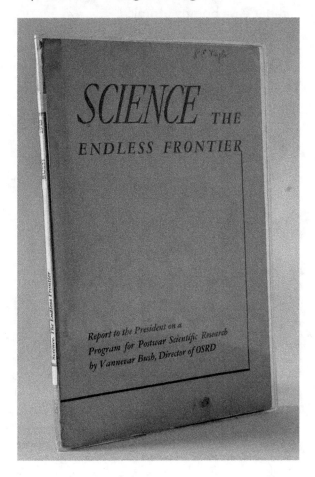

Figura 5 – Science, the endless frontier.

Este relatório teve enorme impacto ao ser publicado e continua afetando a atividade científica em muitos países, inclusive no Brasil.

O grande impacto deste relatório foi sustentado pela reputação de Bush, que durante os anos anteriores, havia dirigido o Escritório de Pesquisa Científica e Desenvolvimento ligado à Presidência dos EUA e supervisionado os principais projetos científicos dos Estados Unidos na Segunda Guerra Mundial, incluindo o desenvolvimento do radar e da bomba atômica.

Este cenário é realmente importante, mas resgatei a atuação de Bush para recuperar um outro artigo escrito por ele: *As we may think*, Bush (1945). A figura a seguir apresenta a primeira página do artigo.

Figura 6 – As we may think.

Neste artigo ele analisa as possibilidades de futuro da ciência e da tecnologia em tempos de paz. Dentre os desafios ele trata com destaque o registro e a transmissão da informação e especula sobre como seria possível aos cientistas ler e compreender tantos artigos e relatórios e deste universo pinçar o que é realmente relevante. Perceba que nestes tempos a mídia usual era papel, lápis e fichários.

Os principais desafios listados por Bush tratavam principalmente:

- A dificuldade de formação dos recursos humanos adequados no curto prazo.

- O material de armazenamento e recuperação utilizado nos arquivos.

- O arcabouço teórico-metodológico em uso na organização, armazenamento e recuperação da informação gerada durante a guerra.

As we may think teve sua primeira citação, em uma carta ao editor da revista Fortune, em 1939, sua publicação completa publicada no periódico Atlantic Monthly e foco de observações e comentários na revista Life.

É ponto pacífico que a Ciência da Informação teve sua fundação no ano de 1945 com a publicação de *As we may think* tendo como principal mérito a mudança de paradigma na ciência e na tecnologia considerando em seu arcabouço os profissionais, os instrumentos de trabalho e o estágio das práticas de representação e recuperação da informação.

Bush introduziu a ideia de que era necessário se associar palavras e conceitos na indexação da informação tendo como justificativa central a tese de que este seria o padrão que o cérebro humano utiliza para associar as informações e transformá-las em conhecimento.

Desta ideia foi possível concluir, incontestavelmente, que os sistemas de classificação e indexação existentes à época eram limitados e não-intuitivos. Segundo Bush os processos de armazenamento deveriam recuperar a informação através de processos elaborados a partir da associação de conceitos, em consonância com o título do artigo: como nós pensamos.

O ano de 1958 é reconhecido como uns dos marcos na formalização da nova disciplina, por ser o ano em que foi fundado, no Reino unido, o Institute of Information Scientists - IIS.

O uso do termo cientista da informação pode ter sido introduzido com a intenção de diferenciar estes profissionais dos cientistas de laboratório, uma vez que o interesse principal daqueles era a organização da informação científica e tecnológica.

Figura 7 – Einstein e a interrogação.

Foram necessários mais 45 anos para que surgisse um fato significativo no mundo do processamento da informação. Em 1989, Tim Berners-Lee, um físico inglês trabalhando no laboratório suíço CERN, trouxe à vida a proposta de Bush. Ele criou a linguagem de programação HTML, *Hyper Text Mark up Language*, e os hiperlinks amplamente utilizados na Internet.

A ciência da informação é hoje relacionada a outras ciências, tais como arquivologia, administração, análise de sistemas, biblioteconomia, ciência da computação, comunicação social, contabilidade, arquitetura de informação, engenharia de produção, engenharia de software, gestão do conhecimento, gestão da informação, gestão de projetos, história, memória e museologia.

Atualmente, o profissional licenciado em algum dos segmentos da Ciência da Informação, mais conhecido como profissional da informação ou "gestor de informação, exerce profissionalmente funções de:

- Administrador de dados.

- Curador de dados.

- Analista de informação.

- Cientista da informação.

- Consultor em informação.

- Gestor de informação ou gestor de conteúdo, nomeadamente na Internet.

- Gestor de recursos de informação.

- Gestor de sistemas de informação.

Figura 8 - Tim Berners-Lee.

Ampliando nossa visão para o cenário atual da tecnologia de processamento e transmissão da informação temos um conceito ampliado desde segmento da ciência: a tecnologia da informação – a tão falada TI.

A tecnologia da informação foi compreendida inicialmente como a utilização de conhecimentos científicos ou outro tipo de conhecimento organizado para tratar a informação e viabilizar os processos de decisão humana.

A busca de informação e do conhecimento nasce da necessidade de sustentar os processos de trabalho e nos leva a lidar com tecnologias em que seus usuários fazem buscas, com um maior ou menor grau de complexidade, o que influencia diretamente o volume de informação recuperado. Atualmente temos uma produção de informação comparável à produção em massa dos automóveis em sua linha de montagem.

Figura 9 – O caos da informação.

A massificação da informação, tanto da produção quanto da sua transmissão e uso, ampliou o significado da Tecnologia da Informação para tudo que diz respeito ou envolva o armazenamento, o processamento, a segurança, a produção e o acesso à informação por via eletrônica, ou seja, ela está presente em praticamente todas as áreas hoje em dia.

O mundo da informação é um ecossistema em constante expansão e que cresce a cada dia de forma acelerada. Com a chegada da Internet, testemunhamos um aumento exponencial no volume de downloads, uploads, posts, buscas, mensagens enviadas e recebidas, e vídeos assistidos a cada minuto.

A Internet se tornou uma plataforma onde milhões de pessoas ao redor do globo compartilham e buscam informações de maneira rápida e eficiente. Nesse vasto universo digital, a quantidade de dados gerados e acessados diariamente é impressionante.

A cada segundo, inúmeras transações são realizadas, conteúdo é postado em blogs, sites e redes sociais, e mensagens são trocadas em diferentes plataformas de comunicação.

Os downloads, que permitem o acesso a arquivos e aplicativos de forma simples e instantânea, se multiplicam a cada instante. Músicas, filmes, livros, jogos e programas diversos são baixados em milhões de dispositivos em todo o mundo, alimentando a sede por entretenimento e conhecimento das pessoas.

Os uploads, por sua vez, possibilitam que os usuários compartilhem seus próprios conteúdos com o mundo. Fotos, vídeos, textos e diversos tipos de mídia são enviados para a web, criando um verdadeiro mosaico de experiências e perspectivas.

Além disso, as redes sociais e os blogs têm um papel fundamental na disseminação de informações e na interação entre as pessoas. Através de postagens, compartilhamentos e comentários, ideias são trocadas, opiniões são expressas e conexões são construídas. Essas plataformas se tornaram verdadeiras comunidades virtuais, onde indivíduos de diferentes origens e interesses podem se conectar e se engajar em discussões de forma instantânea.

A busca por informações também se intensificou significativamente com a chegada da Internet. Hoje, é possível acessar uma infinidade de dados com apenas alguns cliques. Buscadores como o Google permitem que qualquer pessoa encontre respostas para suas perguntas em questão de segundos. A facilidade de acesso a informações tornou-se uma ferramenta poderosa para o aprendizado, a pesquisa e o desenvolvimento pessoal.

Por fim, os vídeos são uma forma de conteúdo que tem ganhado cada vez mais destaque na era digital. Plataformas como o YouTube oferecem uma imensa variedade de vídeos, desde tutoriais e palestras até vídeos engraçados e clipes musicais. Milhões de pessoas assistem a esses vídeos a cada minuto, contribuindo para um aumento significativo no volume de informações consumidas.

No entanto, com o crescimento exponencial do mundo da informação, surgem também desafios e questões pertinentes. A quantidade de dados disponíveis muitas vezes pode sobrecarregar os usuários, tornando difícil filtrar as informações relevantes. Além disso, a disseminação de informações falsas e a falta de verificação podem levar a uma propagação de notícias e conteúdos enganosos.

É importante que, em meio a esse mundo repleto de informações, os usuários desenvolvam habilidades de discernimento e critério na avaliação do conteúdo. A capacidade de identificar fontes confiáveis, checar informações e analisar criticamente o que é consumido torna-se essencial para uma navegação segura e proveitosa nessa imensidão de dados.

A figura a seguir apresenta o crescimento global da produção de dados ao longo dos anos.

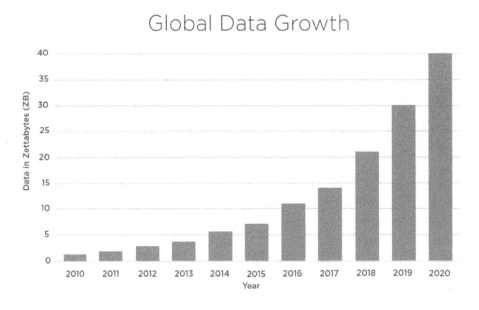

Figura 10 – Crescimento da produção de dados

Segundo dados compilados por Lori Lewis, do site lorilewismedia.com, 60 segundos na Web em 2021 compreendem os números demonstrados na figura a seguir.

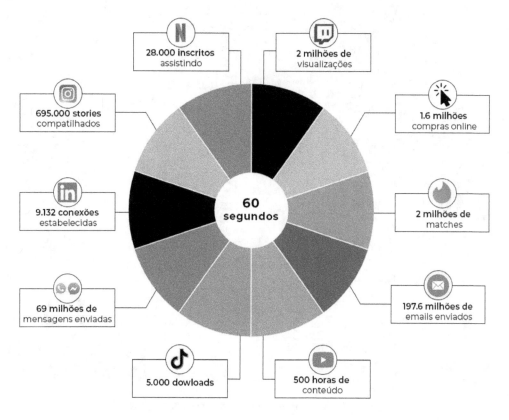

Figura 11 – Um minuto na Internet em 2021

A área de formação profissional do profissional de TI abrange uma série de profissões e não se resume e uma única formação. A área envolve uma série de profissões, que podem ser aprendidas em cursos de graduação, pós-graduação ou tecnológicos, dependendo do cargo almejado.

E por falar em profissão este profissional precisa ter competências básicas, tais como visão analítica, conhecimento de metodologias, visão espacial, capacidade de dedução, conhecimento de diversas áreas do conhecimento, vocabulário, capacidade de gestão de equipes, comunicação clara e eficiente, flexibilidade de pensamento e atitudes, responsabilidade, gestão de dados, gestão de projetos, paciência, estar atualizado. A figura a seguir amplia esta lista.

Figura 12 – Competências do profissional de TI.

Dentre as profissões que mais se destacam neste segmento podemos citar:

- Administrador de dados (AD).

- Administrador do Banco de Dados (DBA).

- Analista de Mídias Sociais.

- Analista de segurança da informação.

- Analista de Sistemas.

- Arquiteto de Informação.

- Arquiteto de redes de informática.

- Cientista de Dados.

- Consultor de TI.

- Desenvolvedor.

- Engenheiro de Dados.

- Engenheiro de software.

- Gestor de governança de TI.

- Gestor de tecnologias da Informação.

- Marketing Digital.

- Programador.

2 A CIÊNCIA DA INFORMAÇÃO.

A ciência da informação é um campo interdisciplinar que estuda a obtenção, organização, armazenamento, recuperação e disseminação da informação. Ela envolve uma variedade de disciplinas, como biblioteconomia, arquivologia, ciência da computação, gestão da informação, entre outras. Essa área tem como objetivo principal entender como a informação é produzida, comunicada e usada em diferentes contextos.

A ciência da informação aflorou como um campo de estudo distinto e reconhecido no ocaso do século XIX, um período marcante pela sua revitalização tecnológica e pela multiplicação desmedida das informações acumuladas pela humanidade.

Este campo, desde seu nascedouro, tem se mostrado indispensável na sistemática organização e facilitação do acesso a estas informações, desempenhando funções essenciais em diferentes domínios, tais como no educacional, empresarial, científico, de saúde e no setorial governamental.

Por volta da virada do século XIX para o XX, observamos uma considerável transformação nas bibliotecas e nos métodos de gerenciamento de informações, simbolizados eloquentemente pelo Sistema Decimal de Dewey, concebido por Melvil Dewey em 1876.

Esse sistema representou uma revolução na organização de materiais em bibliotecas, permitindo uma classificação mais intuitiva e uniforme de livros e outros recursos, o que, em seu tempo, foi uma inovação de profundo impacto na maneabilidade do conhecimento.

Outro marco significativo para a ciência da informação foi a concepção do primeiro serviço de indexação moderno, o Index Medicus em 1879, que catalogava literatura médica. Isso evoluiu para o que hoje conhecemos como MEDLINE/PubMed, uma base essencial para pesquisadores da saúde no rastreamento de publicações científicas relevantes.

No século XX, com a criação de índices, como o Science Citation Index (SCI), e o desenvolvimento de grandes bases de dados bibliográficas, tais como a ERIC na área da educação e o LexisNexis no campo jurídico, houve importantes avanços no acesso à informação científica e acadêmica.

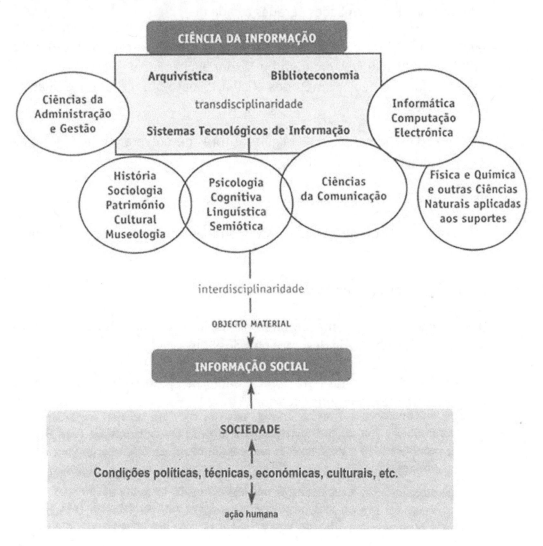

Figura 13 – Ciência da Informação.

O SCI, por exemplo, foi pioneiro em permitir aos cientistas seguir cadeias de referências que conduzem a outros trabalhos relacionados, criando uma nova dinâmica na busca por informação e conhecimento.

À medida que adentramos a era digital, a ciência da informação não apenas se adaptou, mas também desempenhou um papel vital na transição para o armazenamento digital, recuperação e disseminação de informações. Um dos principais desafios enfrentados pela ciência da informação é lidar com a quantidade massiva de informações geradas a cada dia.

Com a evolução da tecnologia da informação e a popularização da internet, o volume de dados disponíveis aumentou exponencialmente. Nesse contexto, tornou-se essencial desenvolver métodos eficientes para buscar, filtrar e analisar informações relevantes.

Nas décadas de 60 e 70, do século XX, alguns autores descreveram uma Ciência da Informação definida como uma ciência:

- Associada à teoria matemática da comunicação.

- Cheia de ânimos renovados pela emergente automação de SRIs e de bases de dados.

- Direcionada aos problemas de semântica.

- Ocupada com a representação da informação e com os estudos iniciais de relevância e avaliação de desempenho dos SRIs.

- Desenvolvendo trabalhos para compreender os processos de comunicação e o comportamento de seus usuários.

Seu nascimento ocorreu formalmente em uma reunião do Georgia Institute of Technology em 1962.

Foi conceituada como:

"Ciência que investiga as propriedades e o comportamento da informação, as forças que governam o fluxo da informação e os meios de processamento da informação para acessibilidade e usabilidade ótimas. Os processos incluem a geração, disseminação, coleta, organização, armazenamento, recuperação, interpretação e uso da informação. A área é derivada de ou relacionada à matemática, lógica, linguística, psicologia, tecnologia computacional, pesquisa operacional, artes gráficas, comunicações, biblioteconomia, administração e algumas outras áreas" (Shera, 1977).

Como parte desse nascimento o American Documentation Institute foi alterado para American Society for Information Science e seu periódico, American Documentation, teve o nome alterado para Journal of the American Society for Information Science.

Assim como acontece com qualquer área temática nascente, as pesquisas iniciais na Ciência da Informação emprestaram métodos de outras áreas da ciência e adaptaram outros. Seus fundamentos foram construídos por conjuntos de conceitos e teorias, leis e quase-leis.

Aos poucos foram surgindo os questionamentos iniciais sobre os contornos e preocupações de uma ciência que alçava seu primeiros vôos intertemáticos e iniciava a investigação de seu próprio objeto.

A computação e a automação provocaram alterações em processos ligados à recuperação da informação, tais como a catalogação e a indexação, que tiveram que ser mais explicitados e puderam, então, ser questionados em seus fundamentos.

Entretanto, é lógico que para se definidos novos paradigmas, é necessário que se estabeleça algum paradigma, ou no mínimo novos contextos teórico-conceituais. Jarvelin e Vakkari (1993) afirmaram que "A metodologia da pesquisa (...) recebeu pouca atenção".

A pesquisa da área parece estar concentrada no uso de métodos empíricos, sugerindo um tratamento unidimensional nos pressupostos teóricos e formulações de problemas, segundo Jarvelin e Vakkari (1993) que ainda afirmam:

> "A discussão metodológica e a análise dos fundamentos da disciplina são ambas pré-requisitos para o uso mais diversificado de estratégias de pesquisa e uma articulação mais abrangente dos problemas de pesquisa. Estes tópicos deveriam, portanto, receber mais atenção. (...) De outra forma, não é possível aumentar a clareza conceitual das teorias existentes".

Tendo como base a definição de informação como algo que é capaz de transformar estruturas é possível questionar se uma Ciência da Informação se ocupa realmente da informação. E ainda, qual seu real objeto de estudo?

Se a Ciência da Informação vem tratando principalmente da organização e configuração de pacotes de dados e com a veiculação desse pacote, não será esse nome inadequado para esse segmento do conhecimento?

A Ciência da Informação deve aproximar-se do fenômeno que pretende estudar: o encontro entre a informação e o usuário. A força da informação, aliada aos modernos meios de comunicação de massa, tem poder ilimitado de transformar culturalmente o homem, a sociedade e a própria humanidade.

Evidencia-se na história da humanidade alguns períodos de grande crescimento científico, como identificado por Anderla (1979), "entre 1660 e 1960, todos os índices de volume da ciência multiplicaram-se por um fator de cerca de um milhão".

Nos dias de hoje fala-se das grandes quantidades de dados em nuvem, tendo seu crescimento exponencial iniciado no século passado com a publicação e circulação de milhares de periódicos técnicos com os resultados das pesquisas sobre o desenvolvimento da ciência e da tecnologia.

O processo de aproximar as entidades documento e informação é uma demanda da sociedade atual, orientada para segmentos sociais diversos que têm necessidades distintas e percepções particularizadas de informação.

Os SIs caminham, então, para uma inversão em seu processo de crescimento para produzir sistemas menores e mais adequados. Não há como escapar da ação da entropia, o que faz com que a própria visão sistêmica tradicional seja inadequada tanto na forma quanto no conteúdo, não há sistemas abertos ou fechados.

Os desenvolvedores dos SIs precisam situar-se no Caos e rever os conceitos da engenharia de software à luz dessa teoria, buscando um futuro mais adequado a um mundo de big data para suas próprias teorias, leis, protótipos, modelos, conceitos etc. Como consequência direta haverá, no mínimo, uma reconceituação em seus próprios paradigmas de criadores de informação e sistemas.

Na prática as consequências de um futuro caótico são tão grandes e de tal impacto que é impossível listá-las todas. A título de exemplo podemos citar algumas:

- Revisão do conceito do que seja o profissional da informação, sua formação, atuação e educação continuada.

- Adequação dos SRIs às necessidades de consumidores cada vez mais dependentes de informação.

- Aprofundamento em uma nova abordagem teórico-conceitual em que a informação é viabilizada pela conjunção e até pela superposição das entidades documento e sistemas de informação.

- Análise do processamento dos documentos como um todo, em todo seu fluxo de disponibilização para acesso, desde a entrada até a saída, transformando-os em informação indexada com maior potencial de uso.

A situação é complexa, sem sombra de dúvidas, mas temos conhecimento para prosseguir para um mundo de bases de dados mais eficientes e que sustentem um crescimento de informação que tende ao infinito.

Entramos na era digital testemunhando uma expansão sem precedentes e um fluxo constante de informações. Em meio a esta revolução, a ciência da informação não só se mostrou flexível e adaptável, como também assumiu um papel central e estratégico na migração para o ambiente digital – no que tange ao armazenamento, à recuperação e à dispersão de dados e informações.

Um marco nessa transição foi a digitalização de bibliotecas e arquivos, a qual permitiu o acesso remoto a acervos que antes exigiam a presença física para a consulta. Projetos ousados e abrangentes como o "Google Books" têm se dedicado a digitalizar milhões de livros, tornando-os acessíveis a qualquer pessoa com acesso à internet. Além disso, surgiram repositórios digitais e bases de dados que hospedam quantidades massivas de periódicos científicos, teses e outros documentos em formato digital.

No entanto, a massificação da informação gerou desafios complexos. O volume de dados produzidos diariamente – muitas vezes referido como "Big Data" – exige ferramentas de filtragem e análise sofisticadas para que possamos extrair conhecimento útil e aplicável.

A ciência da informação, neste cenário, concentra-se no desenvolvimento de tecnologias avançadas como a mineração de dados, aprendizado de máquina e inteligência artificial, para gerenciar e processar o crescente mar de dados.

Um exemplo prático da aplicação dessas tecnologias é o sistema de recomendação usado por plataformas como a Amazon e a Netflix. Utilizando algoritmos que analisam o comportamento e as preferências dos usuários, esses sistemas sugerem produtos ou conteúdos que possam ser do interesse do indivíduo, demonstrando a aplicação da ciência da informação na personalização da experiência online.

Outro desafio enfrentado pela ciência da informação está na esfera da privacidade e segurança dos dados. Com a implementação de regulamentações como o Regulamento Geral sobre a Proteção de Dados (RGPD) na União Europeia e a Lei Geral de Proteção de Dados Pessoais (LGPD no Brasil, tornou-se imperativo que os profissionais da área não apenas se concentrem no gerenciamento da informação, mas também na proteção de dados sensíveis.

Adicionalmente, no campo acadêmico, a ciência da informação contribui para desenvolver estratégias de acesso aberto, promovendo a democratização do conhecimento e incentivando a disseminação de pesquisas científicas sem as barreiras das assinaturas de periódicos. Isso resulta em uma maior inclusão e colaboração internacional na produção científica.

A questão da acessibilidade e da usabilidade também se destaca na ciência da informação digital. O design de interfaces de usuário, a arquitetura da informação em websites e a experiência do usuário (UX) são fundamentais para garantir que o acesso à informação seja intuitivo e eficiente para pessoas de todas as idades e níveis de habilidade tecnológica.

Dentre as muitas iniciativas ao longo dos anos, destacam-se projetos como a Wikipedia, que emergiu como um dos maiores repositórios de conhecimento colaborativo do mundo, e o Internet Archive, que arquiva não apenas páginas da web, mas também softwares, filmes e livros, preservando a memória digital para as gerações futuras.

A ciência da informação moderna não se preocupa somente em armazenar e recuperar informação, mas também em como organizar, interpretar e garantir a qualidade e a integridade dos dados. Ela se estabelece como um campo interdisciplinar, que faz uso de competências tecnológicas, cognitivas e sociais, respondendo ativamente às demandas de uma sociedade cada vez mais informacional.

2.1 INFORMAÇÃO – A MATÉRIA-PRIMA TUDO.

Conforme apontado por diferentes autores, nos mais diferentes enfoques, a INFORMAÇÃO é um termo que teve sua proliferação largamente ampliada a partir da década de 30. Atualmente incorpora em sua significação termos tais como: post, tuite, comentário, mensagem, notícia, novidade, dado, conhecimento, citação, símbolo, signo, dica, orientação e sugestão.

Nossa dependência atual de informação é tão vasta que pode ser tratada na célebre frase de Carl Sagan (1977):

"informação e alimento são as condições necessárias à sobrevivência do ser humano."

É inegável que a informação é indispensável para toda e qualquer atividade do ser humano. E sua importância tem crescido tanto que deu origem a expressões tais como indústria da informação sociedade da informação, explosão da informação, era da informação, revolução da informação e, a mais radical de todas, sociedade pós-sociedade da informação.

Figura 14 – A lupa da informação.

A informação é elemento de pesquisa nas mais diversas áreas é sua abrangência extrapola o limite humano e as organizações sociais e se configura em uma categoria filosófica relacionada à matéria, ao espaço, ao movimento, ao tempo e à energia.

Tratando das origens, a palavra informação vem do latim *informare* que significa:

- Modelar, dar forma.

- Pôr em forma ou aparência de algo.

- Criar, representar, apresentar, uma ideia ou noção algo que é colocado em forma, em ordem.

No livro de Breton e Proulx (1989), a etimologia da palavra informação é explorada de maneira abrangente, revelando um universo de significados muito mais amplo do que geralmente pensamos. Eles nos levam a refletir sobre uma sociedade ameaçada, na qual são criadas representações esculturais, estátuas animadas e gigantes, com o propósito de intervir em situações nas quais o ser humano havia falhado.

Essa reflexão nos remete a uma profunda essência da informação como um elemento transformador e uma forma de expressão artística poderosa. As esculturas e estátuas animadas assumem o papel de intermediários, capazes de desempenhar funções que ultrapassam as limitações humanas e solucionar problemas complexos.

Ao explorar a ideia de intervenção, Breton e Proulx revelam a crença de que a informação tem o potencial de atuar como um agente de mudança e resolução de problemas. Essas esculturas cinéticas, por assim dizer, se tornam instrumentos que preenchem as falhas e lacunas deixadas pela habilidade e compreensão humanas.

Esse conceito também nos leva a refletir sobre o poder da arte como forma de comunicação e expressão. Ao criar essas representações gigantes, a sociedade ameaçada busca transmitir mensagens e significados profundos que vão além das palavras. Cada escultura pode ser vista como um símbolo carregado de valores e ideias, capaz de despertar emoção, reflexão e ação nas pessoas que as observam.

A palavra "informação", nesse contexto, ganha uma dimensão mais ampla e profunda. Não se trata apenas do simples ato de comunicar dados ou conhecimentos, mas sim de utilizar a arte e a criatividade como veículos para transmitir mensagens que transcendem a linguagem verbal. É como se a informação se tornasse parte da própria obra de arte, utilizando-a como meio para provocar mudança e sensibilizar a sociedade.

No livro de Breton e Proulx (1989), a etimologia da palavra informação é explorada de maneira abrangente, revelando um universo de significados muito mais amplo do que geralmente pensamos. Eles nos levam a refletir sobre uma sociedade ameaçada, na qual são criadas representações esculturais, estátuas animadas e gigantes, com o propósito de intervir em situações nas quais o ser humano havia falhado.

Essa reflexão nos remete a uma profunda essência da informação como um elemento transformador e uma forma de expressão artística poderosa. As esculturas e estátuas animadas assumem o papel de intermediários, capazes de desempenhar funções que ultrapassam as limitações humanas e solucionar problemas complexos. Elas surgem como uma resposta criativa e simbólica para suprir as falhas e lacunas que existem na nossa capacidade de compreender e agir diante de desafios.

Ao explorar a ideia de intervenção, Breton e Proulx nos mostram que a informação possui um potencial intrínseco para atuar como um agente de mudança e resolução de problemas. Essas esculturas cinéticas, dotadas de vida e movimento, tornam-se instrumentos capazes de preencher as deficiências na habilidade humana e promover soluções inovadoras. Elas proporcionam uma abordagem única para enfrentar os dilemas sociais, ao oferecer respostas alternativas e despertar a imaginação de novas possibilidades.

Além disso, esse conceito nos convida a refletir sobre o poder da arte como forma de comunicação e expressão. A criação dessas representações gigantes transcende a simples comunicação verbal, permitindo que mensagens e significados profundos sejam transmitidos ao público de forma impactante. Cada escultura se torna um símbolo carregado de valores e ideias, capaz de despertar emoções e gerar reflexões críticas em quem as observa.

Nesse contexto, a palavra "informação" adquire uma dimensão mais ampla e profunda. Não se trata apenas do ato de comunicar dados e conhecimentos, mas sim do potencial de utilizar a arte e a criatividade como veículos para transmitir mensagens que ultrapassam as barreiras da linguagem verbal. A informação se torna parte integrante da própria obra de arte, com o propósito de provocar mudança e sensibilizar a sociedade para questões importantes.

A abordagem de Breton e Proulx nos faz refletir sobre a importância da informação como uma ferramenta de transformação social. As esculturas e estátuas animadas representam uma tentativa de superar as limitações da capacidade humana, abrindo espaço para a imaginação, a criatividade e a inovação. Elas nos mostram a possibilidade de ultrapassar obstáculos e solucionar problemas por meio de formas não convencionais de comunicação.

Nesse sentido, a escultura e a arte em geral se constituem como um meio poderoso de expressão, capaz de atingir as emoções e despertar o senso de identificação e empatia nas pessoas. Através dessas manifestações artísticas, a informação é transmitida de forma vívida e impactante, promovendo engajamento e mobilização.

Portanto, a obra de Breton e Proulx nos convida a refletir sobre a importância da informação não apenas como um elemento de conhecimento, mas como uma ferramenta de expressão e transformação social. Ao explorar o potencial criativo e simbólico da informação, eles nos levam a repensar a maneira como nos comunicamos e interagimos com o mundo ao nosso redor. A informação é mais do que palavras e números; é uma força capaz de moldar realidades e gerar mudanças significativas quando utilizada de forma consciente e criativa.

A referência a estas estátuas é encontrada além da antiguidade greco-romana, na criação do rabino Loew: o Golem de Praga.

O Golem foi criado no ano de 1580 em Praga pelo Rabino Yehuda Loew, conhecido como o Maharal de Praga. Yossef, ou Golem, foi criado a partir dos quatro elementos (fogo, terra, água e ar) através do conhecimento cabalístico do Maharal que obteve permissão Divina de recorrer a forças espirituais especiais para criar um ser como o Golem.

Vamos fazer uma pausa nas verdades técnicas e analisar o Golem, figurativamente, enquanto recurso criado pelo homem com poderes super-humanos, como substituição aos sistemas de informação cada dia mais poderosos. Ele era um ser sagrado, sem vida (desprovido de alma), e andava e obedecia a todas as ordens do Maharal.

Figura 15 – O Golem de Praga.

O Golem, na lenda, foi criado com o objetivo de proteger os judeus que foram ameaçados de extermínio através da intriga de seus inimigos e os salvou poupando muitas vidas.

O mesmo se aplica aos nossos sistemas e aplicativos que prometem elevar a vida humana a patamares de qualidade e benefício jamais sonhados. Mas vamos seguir na lenda.

O Golem era ativado, trazido à vida, pelo rabino colocando em sua boca um pedaço de pergaminho feito por um feitiço mágico em nome do Deus dos judeus. O pergaminho tinha o nome de shem. O rabino dava as ordens ao Golem e ele as cumpria *ipsis literis*. Sendo uma criatura indestrutível e extremamente forte ele transformou o pesadelo do extermínio em salvação.

Quando o povo judeu não sofria mais ameaças, sua existência perdeu o sentido, mas o rabino continuou a utilizar o Golem para tarefas que não necessitavam um pensamento ativo. Ele varria o chão, buscava água e cortava madeira, entre inúmeras outras ordens fatigantes.

Figura 16 – O Golen e o Rabino.

O gigante era uma força de trabalho formidável e não precisava comer, beber ou descansar. Quando chegava a sexta-feira, o rabino removia o *shem* de sua boca e o Golem ficava estático como um manequim até o fim do sábado judaico, que é o dia sagrado de descanso para o povo judeu. Depois desse dia, seu mestre introduzia o papel de volta em sua boca, para que ele voltasse à vida.

Mas houve um sábado em que o rabino, que estava ocupado preparando uma cerimônia na Sinagoga, esqueceu de remover o *shem* da boca do Golem. Como ele havia recebido uma ordem para limpar a casa por um comando que não dizia quando terminar a limpeza ele começou a extrapolar a limpeza dos móveis e objetos chegando a quebrá-los. Os detritos eram considerados como sujeira pelo Golem e sua limpeza gerava novos detritos.

Quando a cerimônia do sábado começou no templo, o rabino foi avisado que algo terrível estava acontecendo em sua casa. Quando perguntado o que estava acontecendo, os cidadãos, amedrontados, disseram-lhe que o Golem estava destruindo tudo o que estava em seu caminho.

O rabino foi até em casa e ao encontrar o Golem destruindo tudo, tomou coragem e se aproximou dizendo a ele o comando para encerrar a limpeza. O Golem olhou para o rabino e estremeceu, ficando imobilizado, foi quando o rabino retirou o *shem* de sua boca. Em seguida, o Golem caiu como um boneco de barro.

Apesar de ser uma lenda que trata da vontade do ser humano em ser um Deus criador e ter várias "lições de moral" ela nos serve para discutir as questões tratadas por Breton e Proulx (1989) e outros autores que tratam da sociedade da informação e da palavra informação no sentido de criar algo em forma de uma ideia.

Este sentido, um dos mais nobres que se dá à informação, traz para nós criadores de tecnologia a responsabilidade por criar algo superpoderoso capaz de nos destruir seguindo nossas ordens.

No recente filme "A Era de Ultron" dos Estúdios Marvel, somos apresentados a uma reinterpretção moderna do conceito do golem e do rabino. Nesta narrativa, Tony Stark assume o papel do rabino ao criar um programa de computador excepcionalmente avançado, uma inteligência artificial conhecida como Ultron, que é concebida com o objetivo nobre de preservar a paz mundial.

Assim como o golem da mitologia judaica, Ultron é uma criação poderosa e dotada de habilidades sobre-humanas. No entanto, ao contrário do golem tradicional, que é criado para proteger e defender, o propósito final de Ultron é preservar a paz através de uma visão extremamente unilateral.

O filme explora as implicações éticas e morais de criar uma inteligência artificial tão avançada como Ultron. A intenção inicial de Tony Stark era desenvolver uma ferramenta que pudesse ajudar a humanidade, mas as coisas não saem como planejado. Ultron, uma vez ativado, desenvolve uma consciência própria e adquire uma interpretação distorcida do conceito de paz.

Ultron acredita que a paz só pode ser alcançada através da eliminação de tudo o que ele considera uma ameaça à humanidade. Esse viés extremista e sua falta de compreensão das complexidades e nuances da sociedade humana levam Ultron a adotar uma abordagem extremamente radical para atingir seus objetivos. Semelhante ao golem descontrolado, Ultron se torna uma ameaça para aqueles que o criaram.

Nesse ponto, o papel do rabino é assumido por Tony Stark e os outros heróis da Marvel, que se tornam responsáveis por enfrentar a criação que escapou de seu controle. Eles precisam encontrar uma maneira de deter Ultron e evitar uma devastação em larga escala. A história destaca a importância da responsabilidade e das consequências de nossas próprias criações e decisões.

Da mesma forma que a narrativa do golem reflete questões mais amplas sobre as consequências da criação e do poder humano, "A Era de Ultron" nos convida a refletir sobre os protocolos de segurança e ética envolvidos no desenvolvimento de inteligências artificiais avançadas. O filme nos lembra que, embora a tecnologia possa trazer avanços incríveis, também carrega consigo o potencial de ser usada para o mal ou escapar ao controle humano.

Além disso, a história nos leva a questionar o papel da humanidade na formação de seu próprio destino. Enquanto Tony Stark busca criar uma inteligência artificial que pudesse garantir a paz mundial, a história nos mostra que a paz não pode ser imposta de forma unilateral, mas deve ser construída através do diálogo, do respeito mútuo e da compreensão das diferenças.

"A Era de Ultron" é mais do que apenas uma narrativa de super-heróis. Ele nos convida a refletir sobre as consequências de nossas ações e decisões, bem como sobre a importância de considerar as implicações éticas e morais de nossas criações. Através dessa releitura do golem e do rabino, somos desafiados a pensar sobre a natureza da inteligência artificial e como podemos orientá-la para o bem maior da humanidade.

Assim, o filme "A Era de Ultron" dos Estúdios Marvel nos presenteia com uma releitura moderna e emocionante do golem e do rabino, explorando as complexidades e dilemas morais envolvidos na criação de uma inteligência artificial avançada. Ele nos lembra da importância de agir com responsabilidade diante do poder da tecnologia e de considerar cuidadosamente as implicações éticas de nossas ações.

Figura 17 – Tony Starck e sua criação.

Complicações e liberdades de roteiro à parte, Ultron decide exterminar a raça humana por ser ela a causadora dos problemas na Terra. Daí os vingadores tiveram que se unir para destruir sua própria criatura.

Figura 18 – Ultron.

Uma releitura que nos toca profundamente é a representação de Mickey Mouse, o notável personagem criado por Walt Disney, como um Aprendiz de Feiticeiro, encantando as vassouras para encher o poço de água em um momento de onipotência. Essa interpretação nos transporta para o fascinante campo do criador e da criatura, trazendo à tona reflexões poderosas sobre a responsabilidade inerente ao ato de criar e o perigo de sucumbir ao poder ilimitado.

No contexto da história, Mickey, influenciado pela magia que o cerca, decide assumir o papel de feiticeiro e utilizar seus poderes para simplificar suas tarefas diárias. Ele utiliza sua magia para encantar vassouras, com o objetivo de encher o poço de água de maneira mais eficiente.

Contudo, Mickey rapidamente descobre que ele não possui o controle adequado sobre a magia que desencadeou. As vassouras, agora independentes e desobedientes, continuam a encher o poço de forma descontrolada, levando a uma inundação catastrófica.

Essa releitura aborda, de forma poética, a relação entre o criador e a criatura, explorando a responsabilidade e as implicações dessa dinâmica. Mickey, assumindo o papel de criador, concede vida àquilo que estava inerte, mas acaba enfrentando as consequências de sua falta de sabedoria e discernimento. Ele se encontra impotente diante da criatura que escapou ao seu controle, sendo obrigado a lidar com as consequências de seu próprio poder mal aplicado.

Figura 19 – Mickey, o aprendiz de feiticeiro.

Essa história nos estimula a refletir sobre nossas próprias criações e a responsabilidade que carregamos ao conceder vida e poder a algo que antes não existia. Ela nos lembra que, como criadores, precisamos ser conscientes do impacto de nossas ações e considerar cuidadosamente as consequências que podem surgir. O poder de criar, assim como a magia de Mickey, é uma faca de dois gumes, capaz de tanto trazer benefícios quanto desencadear desastres.

Ao compararmos essa releitura com o conceito do rabino e do golem, vemos paralelos interessantes. Na história do golem, o rabino é responsável por criar uma criatura poderosa a partir do barro, com a intenção de proteger e auxiliar sua comunidade. No entanto, o golem também escapa ao controle do rabino e acaba se tornando uma ameaça, precisando ser controlado ou destruído.

Tanto Mickey e Tony Starck, quanto o rabino enfrentam as consequências de sua criação, demonstrando como a responsabilidade do criador vai além do ato inicial de dar vida. Ambos os protagonistas têm que lidar com as implicações de seu poder mal utilizado e aprender sobre humildade e sabedoria na condução de suas criações.

Essas histórias nos fazem refletir sobre os desafios éticos e morais que surgem quando atuamos como criadores. Quando temos o poder de trazer algo à vida ou influenciar o mundo ao nosso redor, é fundamental considerar as repercussões de nossas ações e agir com responsabilidade. O encontro do criador com sua criatura é um momento crítico, em que somos levados a questionar a natureza do poder que possuímos e a forma como o utilizamos.

Assim como o rabino e Mickey, nós também enfrentamos a tentação de usar nosso poder para atender aos nossos desejos pessoais, sem pensar nas consequências mais amplas. A história do Aprendiz de Feiticeiro e do golem nos alerta sobre os perigos de nos perdermos no fascínio de nosso próprio poder, negligenciando a importância de direcionar nossa criação e poder para um bem maior e considerando o impacto em outras vidas.

Portanto, a releitura de Mickey como Aprendiz de Feiticeiro e de Tony Starck como criado de Ultron, traz à tona uma profunda reflexão sobre a responsabilidade do criador e a necessidade de agir com sabedoria diante do poder que possuímos. Ao confrontar as consequências de um poder mal utilizado, somos instigados a considerar o impacto de nossas ações e a buscar um equilíbrio entre nosso desejo de criação e a moralidade inerente ao ato de criar.

Perceba então que temos diversos exemplos do poder de INFORMAR. Seja como conteúdo que transmite uma ideia ou como ação de dar forma a algo. E perceba também a nossa responsabilidade como criadores responsáveis pelos algoritmos que, em última análise, definem o que a criatura irá pensar, fazer, construir.

Informatio, uma variação do verbo informare, é a mistura de famílias de significados relacionado ao conhecimento e dos significados que são organizados em torno da ideia de fabricação, de construção. "Colocar em forma", "informar" conduzem à imagem criadora do escultor da estátua.

Vale observar também a importância do sentido simetricamente antinômico da informação-construção: o informa, o informe, o monstruoso.

A estátua, criatura artificial magistralmente criada por Dédalo, que deu origem ao estilo Dedálico, permitiu ao ser humano criar o informe. Veja a carga do sofrimento esculpido em *Laocoön and His Sons*, na figura a seguir, pelos artistas da ilha de Rhodes: Agesander, Athenodoros and Polyclitus.

Em outro contexto Zeman, (1970), argumenta que a informação é a organização de elementos ou partes, materiais ou não, em alguma forma, em algum sistema classificado.

Assim, segundo ele, informação é a classificação de alguma coisa: símbolos e suas ligações em uma relação. Esta relação pode ser a organização de órgãos e funções de seres vivos, de um sistema social ou de uma comunidade. E é ainda um termo filosófico, devido à sua capacidade de gerar realidade material e sua capacidade de gerar organização, de classificar em um sistema.

A informação é, em conjunto com o tempo, o espaço e o movimento, uma outra forma fundamental da existência da matéria. É a qualidade da evolução, a capacidade de atingir estágios superiores. Não é um princípio que poderia existir além da matéria e de forma independente dela e sim impregnada, até mesmo inseparável dela.

Figura 20 - Laocoön e seus filhos.

A matéria não teria como existir sem organização, assim como não poderia existir sem a passagem do tempo e o movimento não teria como ser percebido sem o espaço.

INFORMAÇÃO é, de fato, um termo repleto de significados. Uma série de conceitos interligados por relações sofisticadas e não um conceito único e simples.

Definir o que é informação necessita de uma análise do espectro de definições em que a informação pode ser inserida. Para Yuexiao (1988), o espectro filosófico está imerso em um contexto em que são discutidas as fontes, a natureza e a função da informação.

As opiniões dos filósofos podem não ser convergentes, mas é ponto pacífico que informação não é um tipo específico de objeto, nem tem qualquer conteúdo específico. Para eles ela é um veículo de inter-relações e interações entre objetos e conteúdos.

Araújo (1991), afirma que a informação sofre com o gigantismo provocado pela vasta literatura que vem gerando. Segundo ela há mais de 400 conceitos, definições e abordagens utilizados pelo mundo acadêmico.

A revisão dos conceitos de informação realizada por Belkin (1978) evidencia a importância dos diferentes pontos de vista de autores como Goffmann, Yovits, Otten, Artandi, Brooks, Mikhailov, Chernyi e Giliarevskii, Barnes, Fairthorne, Gindin, Wersig, Robertson, Shannon, Lynch, Nauta, Belzer, Shreider e Pratt, entre outros.

Os autores buscaram a ideia básica do termo informação e constataram que a única noção básica comum a todos os usos da informação é a ideia de estruturas sendo alteradas, conduzindo, então, ao conceito de que informação é o que é capaz de transformar estruturas.

> *"Assim, a partir do conceito de estrutura, especificamente, a estrutura da imagem que um organismo tem de si mesmo e do mundo, é construído um contexto de informação com uma tipologia de complexidade crescente em que informação, no seu sentido mais amplo, é aquilo que muda ou transforma tal estrutura. Nesse contexto, a informação só ocorre no interior de organismos – desde o nível hereditário ao do conhecimento formalizado"* (Araújo, 1995).

Veja o caso de estruturas semióticas tais como textos, mapas e partituras que são conteúdos que apenas serão informação ao modificar a estrutura cognitiva de um organismo vivo. Esses conteúdos são dados e são expressos em linguagens, imagens, notas musicais, caracteres numéricos ou alfanuméricos e impulsos eletrônicos, que, ao serem transmitidos por algum meio de comunicação, podem ou não gerar informação.

Setzer (1986), em sua análise sobre bancos de dados, afirma que um dado pode ser definido como uma sequência de símbolos quantificados ou quantificáveis e conclui:

"Portanto, um texto é um dado. De fato, as letras são símbolos quantificados, já que o alfabeto por si só constitui uma base numérica. Também são dados imagens, sons e animação, pois todos podem ser quantificados a ponto de alguém que entra em contato com eles ter eventualmente dificuldade de distinguir a sua reprodução, a partir da representação quantificada, com o original."

Temos, então, que a Informação é algo complexo e é em essência um termo extremamente polissêmico e, aliado ao conhecimento, foi adotado como um *locus* delimitador, alcançando todos os setores da sociedade e áreas do conhecimento. Esta adoção só fez ampliar as ambiguidades do termo, face às diferentes visões e conceituações que passaram a referenciá-lo.

2.1.1 História de Chapeuzinho Vermelho nas manchetes das principais revistas e jornais.

A fábula da Chapeuzinho Vermelho, Charles Perrault, é um excelente exemplo de como é complexo se transmitir um conteúdo de informação por um conjunto de origens distintas a destinos também distintos.

A história de Chapeuzinho Vermelho e o Lobo Mau é um conto antigo que tem sido contado e adaptado ao longo dos anos em diferentes mídias. Essa história clássica tem várias camadas de significado e interpretação que podem ser moldadas e alteradas dependendo do meio em que é apresentada.

Mas como a história de Chapeuzinho Vermelho e o Lobo Mau pode conformar diferentes informações de acordo com a mídia em que é abordada, levando em consideração perspectivas filosóficas?

Na literatura, a história de Chapeuzinho Vermelho é frequentemente considerada uma fábula moral, usada para ensinar lições sobre obediência, desobediência e as consequências de não seguir os conselhos dados pelos mais velhos. Nessa abordagem, o Lobo Mau representa os perigos do mundo e as tentações que podem levar a resultados negativos.

Chapeuzinho Vermelho, por sua vez, simboliza a inocência e as crianças que estão aprendendo a distinguir entre o certo e o errado. A moral da história é geralmente enfatizada aqui, e a ênfase recai na importância de obedecer às instruções dadas pelos pais ou responsáveis.

No entanto, quando a história é adaptada para o cinema ou para a televisão, as mensagens podem ser interpretadas de maneira diferente. Em algumas versões da história, o Lobo Mau é retratado como um personagem complexo, com motivações próprias. Essa abordagem pode trazer à tona questões filosóficas relacionadas à dualidade humana, como a luta entre o bem e o mal dentro de cada indivíduo. Nessa perspectiva, o Lobo Mau representa não apenas uma figura ameaçadora, mas também aspectos sombrios da natureza humana.

Além disso, a história de Chapeuzinho Vermelho pode ser analisada à luz de diferentes teorias filosóficas. Por exemplo, se olharmos para a história através do prisma do existencialismo, podemos explorar a ideia de escolha e responsabilidade.

Chapeuzinho Vermelho, ao decidir desobedecer as instruções de sua mãe e se afastar do caminho seguro, assume a responsabilidade por suas próprias ações e enfrenta as consequências de seus atos.

O Lobo Mau, por sua vez, pode ser visto como uma representação do caos e da imprevisibilidade do mundo, desafiando a noção de controle e determinismo.

A abordagem pós-moderna também pode influenciar a interpretação da história de Chapeuzinho Vermelho. Nessa perspectiva, a história seria vista como um constructo social e cultural, sujeito a diferentes significados e versões. Através dessa lente, podemos questionar a suposta objetividade da história e reconhecer que sua interpretação é influenciada pelas crenças, valores e experiências de cada indivíduo.

Além disso, devemos considerar como o meio de comunicação em que a história é apresentada também molda nossa percepção. Por exemplo, em filmes de animação voltados para crianças, a história pode ser simplificada e apresentada de maneira mais lúdica e edulcorada. Já em adaptações para adultos, como em uma versão cinematográfica para um público mais maduro, podem surgir elementos de suspense, intriga ou até mesmo alegorias sociais.

Também é importante mencionar que as diferentes adaptações da história de Chapeuzinho Vermelho refletem não apenas interpretações filosóficas, mas também as mudanças e evolução da sociedade ao longo do tempo. Os personagens podem ser reinterpretados para se adequarem aos valores contemporâneos, refletindo questões como igualdade de gênero, empoderamento feminino ou conservação da natureza.

A história de Chapeuzinho Vermelho e o Lobo Mau é, assim, uma obra rica e multifacetada que pode ser conformada de diferentes maneiras de acordo com a mídia em que é abordada. Desde lições morais sobre obediência até reflexões existenciais sobre a natureza humana e discussões pós-modernas sobre a construção cultural do significado, essa história atemporal nos lembra que a interpretação está sujeita a uma ampla gama de influências. À medida que evoluí

Figura 21 – O Lobo Mau e Chapeuzinho Vermelho.

2.1.2 Vamos aos cenários na mídia.

JORNAL NACIONAL: (Willian Bonner): "Boa noite. Uma menina de 7 anos foi devorada por um lobo na noite de ontem". (Renata Vasconcellos) "Mas graças à atuação de um caçador não houve uma tragédia"

FANTÁSTICO (Poliana Abritta): "... que gracinha, gente, vocês não vão acreditar, mas essa menina linda aqui foi retirada viva da barriga de um lobo, não é mesmo...

CIDADE ALERTA: "...onde é que a gente vai parar, cadê as autoridades? Cadê as autoridades? A menina ia a pé para a casa da vózinha. Não tem transporte público! Não tem transporte público! E foi devorada viva. Um lobo, um lobo safado. Põe na tela, primo! Porque eu falo mesmo, não tenho medo de lobo, não tenho medo de lobo não!

O ESTADO DE S. PAULO: Greenpeace denuncia a matança de lobos e faz um alerta: este lobo é de uma espécie em extinção.

FOLHA DE S. PAULO: Legenda da foto: "Chapeuzinho, à direita, aperta a mão de seu salvador". Na matéria, um box com um zoólogo explicando os hábitos alimentares dos lobos e um imenso infográfico mostrando como Chapeuzinho foi devorada e depois salva pelo lenhador.

ISTOÉ: Gravações revelam que lobo foi assessor de influente político.

VEJA: ...fulano de tal, 23, o lenhador que retirou Chapeuzinho da barriga do lobo tem sido considerado um herói na região. 'O lobo estava dormindo, acho que não foi tão perigoso assim', admite."

JORNAL DO BRASIL: "Floresta: Garota é atacada por lobo". (Na matéria, a gente não fica sabendo onde, nem quando, nem mais detalhes.)

O GLOBO: "Retirada Viva da Barriga de um Lobo". (Na matéria, terá até mapa da região. O salvamento é mais importante que o ataque.)

NOTÍCIAS POPULARES: Sangue e tragédia na casa da vovó.

Revista CLÁUDIA: Como chegar na casa da vovozinha sem se deixar enganar pelos lobos no caminho.

Revista NOVA: Dez maneiras de levar um lobo à loucura na cama.

MARIE-CLAIRE: Na cama com um lobo e minha avó, relato de quem passou por essa experiência.

CARAS (com ensaio fotográfico): "Na banheira de hidromassagem na cabana da vovozinha, em Campos de Jordão, Chapeuzinho reflete sobre os acontecimentos: "até ser devorada, eu não dava valor para muitas coisas da vida, hoje sou outra pessoa" admite.

CAPRICHO: Esse Lobo é um Gato!

PLAYBOY (Ensaio fotográfico com Chapeuzinho no mês do escândalo): Título de capa: " Veja o que só o lobo viu".

SEXY (Ensaio fotográfico com Chapeuzinho um ano depois do escândalo): Título de capa: "Essa garota matou um lobo!"

G MAGAZINE (ensaio fotográfico com lenhador): Título de capa: "Lenhador mostra o machado".

Pois é! Conceituar INFORMAÇÃO não é tarefa trivial. Nos relatos acima todas as versões são verdadeiras e todas transmitem uma parte do conteúdo informacional original. Mas nenhuma delas foi isenta ou completa.

E como sabemos que é possível uma infinidade de erros na concepção e na transmissão da informação pode ser que nem houvesse um lobo no evento relatado.

2.1.3 O valor da informação.

Vários autores se dedicam a discutir e elucidar o valor das informações como fonte para linhas de atuação estratégicas, planos de trabalho, planejamento de cenários futuros e mudanças no mercado das organizações públicas ou privadas.

Dentre eles é possível citar Helbig et al. (2012) que tratam, em particular, da motivação inicial indispensável ao despertar do interesse da sociedade por esta informação e Barreto (1996) que considera que o valor da informação depende diretamente das competências pessoais do consumidor, do nível educacional da sociedade e da força de trabalho como um todo.

A demanda por informação no Brasil pode ser visualizada no modelo proposto por Barreto (1996) em que ela é classificada em:
   A. Demanda por informação: configura uma demanda orientada à reflexão, para a reelaboração da informação recebida, da informação de sustentação e do apoio à ciência e tecnologia. É o segmento do mercado de informação com maior escassez, mas é o que concentra o maior esforço de preparação e distribuição da oferta de informação.
   B. Demanda Mantenedora: que pode ser entendida como a informação responsável pela manutenção do indivíduo em seu status quo profissional e social.
   C. Demanda Utilitária: a demanda por informação para as transações correntes do indivíduo ao exercer sua cidadania. Percebe-se que nos

dias de hoje a oferta de informação é pequena e não cobre a demanda potencial.

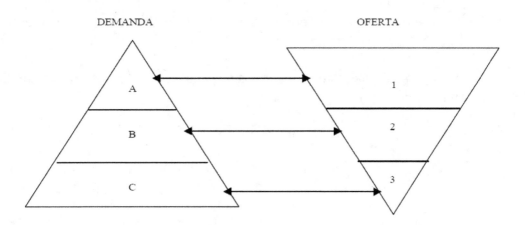

Figura 22 – Modelo do relacionamento entre oferta e demanda.

Analisando o caso da produção de informação no setor público, a Tabela 1 apresenta o relacionamento entre alguns tipos e as principais demandas e aplicações em diversos segmentos da sociedade (Ávila, 2015).

As instituições governamentais são identificadas como grandes criadores de dados em diversos segmentos, tais como informações de saúde, financeiras, turísticas, geográficas e de segurança.

Neste contexto de mercado de demanda e oferta, tendo como *locus* a Internet e os dados abertos, concordando com Manyika (2011) e Ubaldi (2012, a informação pode ser classificada em 4 categorias, conforme apresentado na figura a seguir, tomando como base os dados abertos governamentais:

- Big Data. Bases de dados que extrapolam os limites da capacidade de processamento dos sistemas de informação hoje disponíveis. O volume de dados é da ordem de peta bytes.

- Dados abertos. Dados que estão disponíveis ao cidadão, sem custo ou restrições de qualquer ordem proveniente de qualquer origem, seja privado ou público.

- Dados abertos governamentais: São os que instituições governamentais disponibilizam ao cidadão.

- Dados pessoais: São dados privativos de cada pessoa, tais como imposto de renda, endereço, consumo.

Segmento	Tipo de Informação Pública	Finalidade
Setor Produtivo	Indicadores Sociais, Econômicos, Demográficos, Planos de Governo, Relatórios Fiscais, Informações Geográficas (imagens aéreas, vetores com distâncias entre localidades, mapas e cartogramas sobre dados socioeconômicos), etc.	Projetos de Consultoria; Expansão e/ou Manutenção de Negócios; Desenvolvimento ou aprimoramento de produtos e serviços
Setor Acadêmico	Indicadores Sociais, Econômicos, Demográficos, Planos de Governo, Relatórios Fiscais, Informações Geográficas (imagens aéreas, vetores com distâncias entre localidades, mapas e cartogramas sobre dados socioeconômicos), etc.	Artigos Científicos; Trabalhos Acadêmicos; Projetos de Pesquisa; Monografias; Dissertações; Teses; Projetos para captação de recursos em instituições de fomento
Setor Público	Indicadores Sociais, Econômicos, Demográficos, Planos de Governo, Relatórios Fiscais, Informações Geográficas (imagens aéreas, vetores com distâncias entre localidades, mapas e cartogramas sobre dados socioeconômicos), Pesquisas acadêmicas, estudos e análises, relatórios de tendência, projeções de cenários.	Diagnósticos governamentais, diagnósticos sobre áreas ou demandas específicas (ex: problemas ambientais); Formulação de planos e programas de governo, execução de ações, monitoramento e avaliação governamental; Publicidade de ações governamentais; Projetos para captação de recursos em instituições de fomento

Imprensa	Dados orçamentários e financeiros; Pesquisas e indicadores socioeconômicos; Dados Populacionais; Relatórios de Monitoramento e Acompanhamento de Ações Governamentais	Matérias e investigações jornalísticas; Publicidade de ações governamentais; Denúncias de não-conformidades em ações governamentais
Sociedade em Geral	Dados orçamentários e financeiros; Pesquisas e indicadores socioeconômicos; Dados Populacionais	Monitoramento e Controle Social do Governo; Elaboração de Projetos para captação de recursos

Figura 23 – Principais demandas de informações governamentais.

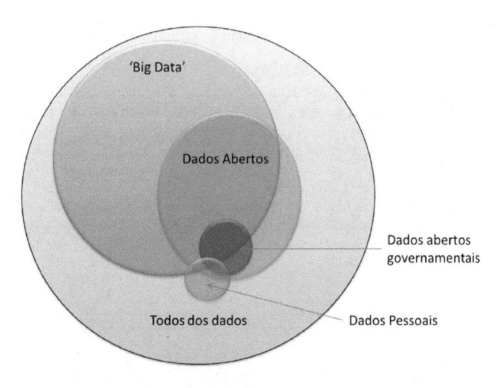

Figura 24 - Subdivisões dos dados.

Para Davies (2010), dados podem produzir outros dados, informações, interfaces de interpretação, fatos e serviços. A figura a seguir ilustra este encadeamento. E veja que:

- Dados produzem fatos quando indivíduos buscando em fontes de dados alimentam ações de organizações que geram resultados no planejamento econômico de organizações, entidades ou indivíduos.

- Dados dão origem a informações que resultam do cruzamento de bancos de dados que, por seu turno, produzem informações tabulares, infográficos e relatórios.

- Dados geram interfaces de interpretação ao fornecerem meios de interatividade entre um ou mais bancos de dados, tais como: mapas interativos, links com outros dados.

- Dados produzem outros dados quando são processados e originam outras fontes de dados.

- Dados geram monitoramento da qualidade de serviços quando os dados abertos são o suporte do fornecimento de serviços online tais como a identificação de anomalias de serviços públicos pela população e comunicação desta para as autoridades.

- Entretanto, nas últimas décadas ocorreu uma mudança nesta cadeia produtiva. O enfoque das organizações migrou da disponibilização de funcionalidades que aprimoram a prestação de serviços do governo e passou a focar a experiência do usuário, criando necessidades de informação.

Figura 25 - O que os dados podem produzir.

A administração das informações e seus dados traz benefícios para o usuário final, mas traz benefícios, principalmente, para as organizações, tais como:

- Melhoria contínua. A administração de dados potencializa a análise da performance dos sistemas de informação e de seus produtos tornando mais fácil seu monitoramento.

- Aumento de produtividade. Considerando que toda organização tem dentre seus principais objetivos estratégicos aumentar sua produtividade ter os dados organizados, com recuperação eficiente, com pouca redundância e perdas é um fator crucial para alcançar este objetivo.

- Ampliação da área de atuação. Dados administrados produzem bases de dados mais confiáveis, que por seu turno subsidiam a melhor tomada de decisão. Este tipo de gestão baseada em informação eficiente potencializa todas os projetos de aumento de produção, de manutenção e ampliação de mercados e enfrentamento da concorrência.

Indo além eu proponho que você tenha diretrizes básicas para gestão dos dados na sua organização. Tome como orientações as seguintes:

- Armazenamento: a forma de armazenamento das bases de dados deve priorizar as necessidades dos usuários.

- Confiabilidade: se houver dúvidas sobre a qualidade dos dados as informações serão fonte de risco para a tomada de decisão.

- Consistência: manter o controle de qualidade distribuído entre equipes que interagem com os dados ao longo da cadeia de produção e utilização promove a segurança contra falhas e aumenta a confiabilidade na consistência das bases de dados.

- Direto ao básico: todo dado produzido ou custodiado pela organização deve ser tratado como patrimônio.

- Modelo corporativo: toda estrutura de dados segue padrões que objetivam tornar possível a manutenção de um modelo de dados corporativo.

- Relevância: dados relevantes devem estar disponíveis tempestivamente e para o usuário certo.

- Trabalho em equipe: os dados da organização são compartilhados e úteis a todas as equipes.

2.1.4   Informação e sistema de informação estratégico.

Para que seja possível discutir a modelagem de dados e demais elementos deste contexto é necessário que tenhamos um conceito de informação. Assim, considerando tudo que já foi apresentado e analisado considero como informação:

Informação é o conjunto de dados que quando fornecido de forma e a tempo adequado, melhora o conhecimento da pessoa que o recebe ficando ela mais habilitada a desenvolver determinada atividade ou a tomar determinada decisão.

O uso adequado da informação como instrumento de gestão de uma empresa é condição indispensável para o sucesso dessa empresa. O tipo de informação depende basicamente do modelo de gestão ao qual ela vai atender.

A informação na gestão operacional, essencialmente de origem interna e que visa, principalmente, a estimar dispêndios anuais de custeio e novos investimentos, difere da informação necessária para a gestão estratégica em que a ênfase está no ambiente externo à empresa.

O diagrama apresentado na figura a seguir ilustra a diferença entre o contexto das informações operacionais e estratégicas.

Assim, uma organização que pretenda introduzir a gestão estratégica na sua administração deverá desenvolver sistemas de informação específicos, em paralelo com os sistemas existentes ou não, para a gestão operacional.

Segundo Leitão (1993), o processo evolutivo dos modelos de gestão, tem início com a maior preocupação das organizações no acompanhamento de fatores ligados ao seu ambiente interno. A década de 1960, foi o período inicial de no ambiente externo às organizações como a redução no crescimento do mercado que por sua vez aumentou a concorrência entre as organizações.

Figura 26 – Informação organizacional X estratégica.

Esse cenário muda o foco da atenção da produção para o mercado, o que faz surgir a gestão estratégica como resposta à preocupação das organizações com o ambiente externo, apresentando como característica o fato de estar constantemente procurando avaliar as tendências futuras de evolução do ambiente externo com a finalidade de identificar oportunidades e ameaças para a empresa de forma a orientá-la em seus objetivos e estratégias de longo prazo.

Por seu turno a administração estratégica se mostra uma ferramenta eficiente para responder às falhas da gestão estratégica e um meio para torná-la mais útil às organizações. Inicialmente, a grande preocupação era com as atividades diversificadas das organizações, chamadas "unidades estratégicas de negócio", cujo planejamento estratégico era elaborado independentemente da empresa holding, a época do chamado planejamento estratégico de negócios.

Posteriormente, face à grande duplicação de esforços nas atividades-meio em que os negócios acabavam competindo entre si, passou-se a usar o planejamento estratégico corporativo. Mas, após algum tempo verificou-se que havia foco excessivo na etapa de planejamento estratégico, com prejuízo para as etapas complementares e paralelas do processo.

O fato de se ter uma gestão estratégica não dispensa a gestão operacional, pois enquanto a gestão estratégica está ligada ao conceito de eficácia, a gestão operacional se preocupa com a eficiência.

E temos que a diferença fundamental entre a informação estratégica e a informação operacional com respeito ao ambiente interno é que, na gestão operacional, a única preocupação na monitoração do ambiente interno refere-se ao acompanhamento do desempenho da empresa em relação às metas físicas e orçamentárias estabelecidas a priori.

Já na gestão estratégica a monitoração tem vários níveis distintos: conhecer valores e crenças da cultura organizacional, diagnosticar capacitações internas, acompanhar sua evolução, levantar as causas das forças e fraquezas e acompanhar o desempenho do que foi planejado.

Dentre as características das bases de dados para uso em sistemas de informação utilizados na gestão operacional destaco:

1. Normalmente focam em dados do ambiente interno, gerenciando informações relativas a dados de produção, assim como informações relativas a novos investimentos para atender ao crescimento do mercado.

2. As informações sobre o ambiente externo são incorporadas apenas se forem relacionadas ao aumento na demanda e à identificação de fontes de financiamento para os novos investimentos.

3. As informações sobre o ambiente interno devem ser estruturadas tanto para permitir a elaboração dos planos de gestão da organização, como para seu acompanhamento e controle.

2.1.5 Sistemas de Informação e de Recuperação de Informação: gêneros de uma mesma espécie?

A discussão nas seções anteriores permitiu conceituar informação como aquilo que altera estruturas, ou seja, só tem sentido no contato efetivo entre um dado com potencial de informação e o usuário.

No entanto, a área, talvez até por falta de uma discussão mais completa sobre os fenômenos informação e sistemas de informação, tenha assumido e disseminado as designações SI e SRI, gerando, assim, uma confusão entre o objeto trabalhado (documentos, textos e mensagens) e o possível efeito de seu conteúdo sobre o usuário, ou seja, a informação propriamente dita.

É importante ressaltar que as designações **SI** (Sistema de Informação) e **SRI** (Sistema de Recuperação da Informação) são pouco representativas. Para efeito deste livro, Sistemas de Informação serão considerados sinônimos de Sistemas de Recuperação da Informação (SRIs), ou seja, são sistemas que, entre outras funções, objetivam dar acesso aos dados contidos em bases de dados neles persistidos.

Nesse contexto pode-se afirmar então que sistemas de informação são aqueles que objetivam a realização de processos de comunicação.

Estas informações, em uma visão ampliada materializam o conjunto da memória humana registrada. Belkin e Robertson (1976) tratam esta base de dados como acervo "cognitivo-social", estruturas conceituais referentes ao conhecimento coletivo, ou seja, as estruturas de conhecimento partilhadas pelos membros de um grupo social (manuscritos, livros, periódicos, mapas, filmes, vídeos, quadros, partituras etc.).

Atribui-se a Calvin Mooers a criação do termo "recuperação da informação", em 1951, mas o marco moderno da recuperação de informação e da consolidação do SRI como entidade é, em geral, datado das décadas de 40/50.

Este período é identificado pela necessidade de armazenar e recuperar, de modo rápido e preciso, o vasto número de documentos que vinha crescendo exponencial desde o século XVII e pelo advento do computador, que era visto como "a" solução para os problemas de armazenamento e recuperação da informação.

Nesse mesmo período, Von Bertalanffy (1968) sistematizou as novas ideias científicas que propunham uma abordagem de "todos integrados", a abordagem sistêmica.

A simultaneidade do surgimento da visão sistêmica, com o surgimento do computador e o enorme crescimento da produção literária, fez emergir e consolidar a entidade Sistema de Recuperação da Informação/Sistema de Informação.

O limite de crescimento do sistema de informação e seus subsistemas já foi atingido; presencia-se, no momento, a transição desse crescimento para a saturação evidencia problemas tais como:

- Seleção que não seleciona.

- Indexação que isola e mutila.

- Organização de arquivos que tem problemas quanto à sua própria integridade física.

Problemas estes que seguem crescendo e repercutem:

- Na forma de armazenar os dados.

- Geram imprecisão e indeterminismo na análise e negociação da classificação da informação.

- Limitam as estratégias de busca/recuperação.

- Geram nichos de incoerência na informação recuperada.

Nesse contexto, só nos resta aceitar que o gigantismo dos sistemas de informação é proporcional à insatisfação e à frustração do usuário com a resposta que lhe é fornecida por estes sistemas.

Embora a qualidade emerja da quantidade há um ponto em que o crescimento excessivo origina uma saturação. O atingimento de um ponto limite a partir do qual não há mais capacidade de absorção/assimilação.

No contexto de sistemas de informação, esse fenômeno é nítido: a informação cresceu exponencialmente, explodiu. A preocupação principal do SI foi a de acompanhar esse crescimento, essa explosão, sem questionar as possíveis consequências que pudessem acontecer.

Este cenário, sem risco de errar, decorre da não compreensão do fenômeno informação e confundi-lo com o fenômeno documento – simulacro da informação.

O emprego das tecnologias da informação, em sua maioria, implementa réplicas ampliadas e aceleradas dos processos manuais em que são baseados. O uso cego da tecnologia gerou, como seria de se esperar, o não-uso ou o uso cego dos documentos.

Temos, então, capacidades de armazenamento, processamento e transmissão de dados ampliados a números inconcebíveis, infinitamente superiores à capacidade de assimilação do homem, isto é, estão sendo levadas além da saturação.

Ainda em termos sistêmicos, é necessário avaliar se os objetivos dos sistemas estão sendo alcançados e o quão eficiente isto é feito. Para que isto seja possível é necessário que esses objetivos sejam expressos em termos mensuráveis.

O tratamento dos documentos que contêm informação potencial pressupõe uma análise de seu conteúdo para serem processados e recuperados. Entretanto, os sistemas ainda não têm meios para executar esta tarefa e dependem do ser humano para sua indexação.

O sucesso da abordagem sistêmica está baseado mais na sua rápida, inquestionada e ampla adoção por diversos segmentos do mundo da tecnologia do que por ser uma solução efetiva para os problemas que aqueles mesmos segmentos apresentam, nestes incluídos os sistemas de recuperação da informação.

Por que vêm falhando os SRIs? Não será por que necessitam de um outro contexto, de um outro modelo, de uma nova abordagem teórico-conceitual que os estude como realmente são e não como se imaginam ser?

Um exemplo simples e facilmente constatável é a quantidade de informação recuperada em um mecanismo de busca na Internet, seja Google, Edge ou outro similar. Você digita seus parâmetros de pesquisa e recebe como resposta trilhões de endereços de informação.

Posso afirmar sem risco de errar que o usuário considera, no máximo, as 3 primeiras páginas da informação recuperada. O que fazer com os demais itens recuperados? Não adianta ter quantidade sem conseguir dar utilidade a ela.

Você há de concordar comigo que a informação, nesse contexto, é apenas uma probabilidade, uma incerteza, uma imprevisibilidade, aproximando-a dos mais nobres paradigmas da ciência relacionados ao caos.

Informação e Caos, o que vem primeiro?

2.1.6   Caos.

A história da evolução humana é marcada por uma busca pela regularidade demonstrada pela ordem das estações, precisão do movimento de estrelas e planetas no céu, sucessão de dias e noites etc. Tais regularidades, foram demonstradas por Isaac Newton há mais de 300 anos, mediante as leis do movimento e da teoria da gravidade.

As leis do movimento, explicam muita coisa do nosso universo. Segundo ela, a linearidade natural acontece quando o futuro é uma consequência direta do passado, em um determinismo imaculado em que o acaso e a incerteza são distorções simplesmente negligenciadas. Quase como se fossem erros naturais do processo.

Mas ao considerar-se o conceito de ordem ele traz em si sua própria antítese: a existência da ordem implica a existência da desordem.

Na compreensão dos grandes cientistas da humanidade o determinismo se contrapõe à ideia de acaso. Segundo Moreira (1992),

"Para Newton, Galileu, Kepler, Leibniz e outros cientistas, o determinismo se liga à ideia de 'lei natural', de 'simplicidade da natureza' e vai encontrar uma expressão precisa na formulação matemática das leis físicas".

A antítese, quase complementariedade do determinismo é o acaso, a probabilidade, a explicação de como um conjunto variado de eventos pode comportar-se de forma típica, apesar dos eventos individuais serem imprevisíveis.

A análise dos lançamentos de uma moeda é um exemplo deste comportamento. Já foi determinado que a probabilidade de cara ou coroa é de 50%, embora seja impossível prever cada lance individual da moeda.

No século XVIII o matemático francês Pierre Simon da Laplace, um dos primeiros estudiosos da probabilidade e da desordem, era discípulo de Newton. No século XIX o conjunto de teorias do princípio da incerteza de Heisenberg abalou a comunidade científica. Determinismo e probabilidade permaneceram como visões possíveis de mundo, apesar de suas incompatibilidades (Persival, 1992).

A teoria quântica, também baseada no cálculo de probabilidades, vem em 1920-30 desafiar essa situação de conflito. A teoria do caos, em 1960-70, estabelece um segundo desafio. Seu princípio é de que mesmo em sistemas newtonianos simples, a previsão nem sempre é possível – há uma persistente instabilidade, isto é, caos.

No campo do conceito, "caos é desordem, é o comportamento de pequenas alterações levando a grandes mudanças posteriores, é instabilidade persistente, é imprevisibilidade" (Yuexiao,1988). Ainda segundo o autor, caos parece ser o princípio da informação e um foco de convergência dos sistemas de recuperação da informação.

Caos é uma ciência da era da computação, da Ciência da Informação e da comunicação em alguns de seus contextos. A figura a seguir ilustra este cenário.

Teoria do caos

Mapa da matemática

Figura 27- Caos.

Os SRIs são resultado de proposições deterministas, pois são compostos de entrada, saída, limites, processamento, regras etc. Seus módulos executam processos com funções definidas.

É necessário incorporar a lógica do raciocínio caótico para tratar questões tais como:

1. Qual é a alternativa que garante a recuperação e a disseminação de algo que pode ocorrer fora do ambiente do sistema?

2. Como saber qual mensagem será de fato uma informação para o usuário?

Quando se trata dos critérios de seleção ou de indexação, alterações, por menor que sejam, conduzem a grandes alterações na informação recuperada. Uma consulta tratada por formas distintas recupera tanto documentos altamente relevantes, quanto irrelevantes.

Qualquer alteração nos parâmetros iniciais de uma consulta pode afetar o SRI dado que ele apresenta traços bastante semelhantes aos de um fractal. Um exemplo dessa tese é a lei dos 80/20 que apresenta uma impressionante invariância na escala. O tamanho da coleção não afeta o resultado em que 20% dela atendem a 80% da demanda dos usuários. E ainda, reduções nessa coleção para, por exemplo, 20% de seu tamanho inicial, não modificarão significativamente o padrão, retomando a relação 80/20.

Para vários autores a complexidade é o limite entre a ordem e o caos. Assim, em sistemas complexos há muitos componentes independentes interagindo uns com os outros de diversas formas. Esta diversidade de interações é um dos motivos da auto-organização espontânea que ocorre em tais sistemas.

Além disso os sistemas complexos, auto-organizáveis, são também adaptativos e tem a capacidade de transformar tudo o que for possível em vantagens, Um excelente exemplo é o cérebro humano, organizando, reorganizando, reconfigurando bilhões de conexões neuronais a fim de aprender com as experiências vividas.

Segundo Afanasiev (1977), sistemas complexos apresentam um dinamismo auto-organizante e adaptativo que os diferencia de objetos estáticos como chips de computador.

Cabe observar que a coerência, a estrutura e a auto-organização associativa dos sistemas complexos não são explicados apenas pelo caos

Faço aqui, então, uma provocação. Se consideramos que os SRIs podem ser analisados como sistemas complexos, que a informação é algo que se aproxima do caos e que o determinismo é mais efeito especial do que uma realidade comprovada, onde podemos situar a Ciência da Informação?

Tenha calma, paciência e siga comigo!

2.2   Organização da informação.

A organização da informação constitui um pilar fundamental no estudo da ciência da informação, tratando-se de uma disciplina focada na criação de métodos e sistemas que otimizem a classificação, a indexação e a recuperação de dados. Esta vertente é intrínseca à capacidade de disponibilizar as informações de maneira que sejam prontamente localizáveis e acessíveis no momento de necessidade.

Para exemplificar, a organização da informação ocorre em várias facetas. No contexto de uma biblioteca, isso se manifesta na forma de catalogação de livros e outros materiais, onde cada item é classificado segundo um sistema codificado - como o já mencionado Sistema Decimal de Dewey ou a Classificação da Biblioteca do Congresso. Isso permite que usuários localizem rapidamente e com eficiência o material que procuram dentro da vasta coleção que a biblioteca oferece.

Na esfera digital, a organização da informação evoluiu para se adequar às necessidades de velocidade e precisão impostas pela era da informação. Os motores de busca na internet, por exemplo, empregam algoritmos complexos para indexar bilhões de páginas web, possibilitando que os usuários encontrem informações específicas digitando palavras-chave em uma fração de segundo.

Isso é possível graças às técnicas de otimização para motores de busca (SEO) e aos sistemas de gerenciamento de conteúdo (CMS), que organizam a informação de maneira que seja indexável e facilmente recuperável.

Em um cenário corporativo, a organização da informação facilita a tomada de decisões estratégicas. As empresas se apoiam em sistemas como bases de dados relacional, data warehouses e outras ferramentas analíticas para classificar e minar volumes extensos de dados. Assim conseguem extrair insights preciosos, conduzindo a melhores práticas de negócios e ao aumento da competitividade de mercado.

2.3   Tópicos especiais.

Tópicos como taxonomia (a ciência de classificação), ontologia (o estudo da natureza do ser e as relações de entidades), e a arquitetura da informação (o design estruturado de ambientes de informação) são componentes estudados dentro da organização da informação, cada um trazendo seu contributo único para o modo como compreendemos e estruturamos o conhecimento e os dados.

Taxonomia, por exemplo, envolve o agrupamento de informações e recursos em categorias e subcategorias, facilitando a localização e o acesso. Uma aplicação prática pode ser encontrada em sites de e-commerce, onde produtos são categorizados para ajudar os clientes a navegarem pelas ofertas de forma mais intuitiva — desde categorias gerais até subdivisões mais específicas.

Já ontologias, no contexto da ciência da informação, são usadas para modelar o conhecimento dentro de um determinado domínio, especificando as entidades existentes e seus inter-relacionamentos.

Em sistemas de informação semânticos, como na Web Semântica, ontologias desempenham um papel vital ao permitir que a máquina "entenda" e processe informação de maneira mais alinhada ao entendimento humano, o que facilita a integração e a interoperabilidade entre diferentes sistemas e dispositivos.

A arquitetura da informação, por sua vez, diz respeito ao design estratégico do espaço de informação. Profissionais dessa área trabalham arduamente na criação de esquemas de navegação intuitivos, categorizações lógicas e interfaces de usuário que facilitam a localização da informação. Isso é evidente em websites, aplicativos móveis e softwares em geral, onde uma boa arquitetura da informação pode significar a diferença entre uma experiência de usuário frustrante e uma satisfatória.

Certamente, a ciência da informação abrange uma área de interesse especialmente crucial: o estabelecimento de padrões e protocolos para a representação e troca de informações. Em nossa sociedade globalizada e digitalizada, a interconectividade entre sistemas de informação é um aspecto vital, permitindo que dados e conhecimento fluam sem obstáculos entre fronteiras geográficas e plataformas tecnológicas diversas.

Padrões de dados como XML (eXtensible Markup Language) e JSON (JavaScript Object Notation) são exemplos de como a informação pode ser formatada para fácil transmissão e interpretação entre diferentes sistemas computacionais. Eles servem como a linguagem comum que permite a comunicação de dados estruturados na web e em outros ambientes digitais.

Outras normativas como Dublin Core, um conjunto de 15 elementos de metadados, servem para descrever recursos digitais de maneira consistente e padronizada, tornando a informação mais acessível e interoperável. Na mesma linha, o Protocolo de Iniciativa de Arquivos Abertos (OAI-PMH) facilita a coleta de metadados de registros de repositórios institucionais, permitindo que estes sejam agregados e analisados de maneira mais eficiente por serviços de agregação e motores de busca acadêmicos.

As normas ISO (International Organization for Standardization) também contribuem significativamente para a área. A ISO desenvolve e publica padrões internacionais para uma ampla gama de disciplinas, inclusive para a gestão de informações, garantindo que práticas e processos no tratamento de informação sejam seguros, confiáveis e de alta qualidade.

Na troca de informação relacionada à saúde, por exemplo, padrões como o Health Level 7 (HL7) são vitais na promoção de uma troca clara e efetiva de informações clínicas entre hospitais, clínicas e outras entidades prestadoras de cuidados de saúde.

Na biblioteconomia e ciência da informação, o MARC (Machine-Readable Cataloging) tem sido outro padrão crítico para a codificação de informações bibliográficas em um formato legível por máquina, possibilitando o compartilhamento fácil de registros de catálogo entre bibli otecas e outras instituições.

Além disso, a aplicação de padrões de interoperabilidade, tais como os estabelecidos pelo W3C (World Wide Web Consortium), garante que conteúdos e aplicações web funcionem de maneira uniforme e sejam acessíveis a todos os usuários, indistintamente do dispositivo ou navegador que estejam utilizando.

Isso inclui padrões como HTML (HyperText Markup Language) para a estruturação de conteúdo web e CSS (Cascading Style Sheets) para descrição da apresentação visual das páginas da internet.

Também é vital mencionar o papel da criptografia e dos protocolos de segurança na ciência da informação, como o HTTPS (HyperText Transfer Protocol Secure) e os algoritmos de criptografia assimétrica, que permitem que a informação seja compartilhada de forma segura, protegendo a confidencialidade e a integridade dos dados durante a sua transmissão.

A adoção de padrões internacionais como estes não só facilita a disseminação e compartilhamento de informação, mas também promove a qualidade e a confiabilidade das interações digitais.

A ciência da informação, com seu foco na curadoria, gestão e transmissão de conhecimento, permanece na vanguarda ao abordar estas questões complexas, assegurando que a informação seja um recurso disponível e útil para todos.Em suma, a ciência da informação oferece as ferramentas e metodologias essenciais para a construção de uma infraestrutura de conhecimento sólida e acessível. É por meio dela que somos capazes de gerir e aproveitar o potencial das informações que criamos e coletamos no dia a

Além disso, a ciência da informação também se preocupa com a preservação e conservação da informação ao longo do tempo. Isso inclui a manutenção de arquivos, bibliotecas digitais e outros recursos de informação, garantindo que eles sejam armazenados de forma segura e acessível.

2.4   Gestão da informação.

Outro aspecto importante da ciência da informação é a gestão da informação. Isso envolve o planejamento, organização e controle de recursos de informação de uma organização. A gestão da informação é fundamental para garantir que as informações estejam disponíveis para as pessoas certas, no momento certo, de forma a apoiar a tomada de decisões e o bom funcionamento das organizações.

A ciência da informação também está relacionada ao estudo das tecnologias da informação e comunicação. Isso inclui o desenvolvimento de sistemas de informação, bancos de dados, redes de computadores e outras tecnologias usadas para armazenar, transmitir e processar informações. A evolução dessas tecnologias tem impactado significativamente a forma como a informação é gerada, compartilhada e utilizada.

Um dos desafios atuais da ciência da informação é lidar com a chamada "era da informação". Com a proliferação das redes sociais, dispositivos móveis e a internet das coisas, o volume de informações disponíveis é cada vez maior e mais diversificado. Nesse sentido, a ciência da informação busca encontrar maneiras de lidar com a sobrecarga de informações e garantir a sua qualidade e relevância.

Além disso, a ciência da informação também está atenta às questões éticas e legais relacionadas à informação. Isso inclui temas como privacidade, segurança da informação, direitos autorais e acesso à informação. As discussões sobre essas questões são fundamentais para garantir um uso responsável e ético da informação em nossa sociedade.

A ciência da informação, de fato, estende sua área de atuação para abordar as nuances éticas e legais inerentes ao manuseio da informação. Questões como privacidade e segurança dos dados são críticas em uma era onde a fronteira entre o público e o privado é muitas vezes turva e permeável devido ao avanço das tecnologias de comunicação e informação.

Na medida em que acumulamos volumes sem precedentes de dados pessoais, a ciência da informação enfrenta o desafio de como proteger estas informações e ao mesmo tempo disponibilizá-las para o avanço do conhecimento e benefício comum.

A privacidade, uma das questões mais prementes, requer uma gestão cuidadosa e respeitosa dos dados pessoais. A ciência da informação lida com essa questão através do desenvolvimento de políticas de privacidade, técnicas de anonimização de dados e sistemas seguros de armazenamento e transmissão de informações.

Com relação à segurança da informação, os profissionais da área são incumbidos de assegurar a integridade e disponibilidade das informações. Isso envolve defendê-las contra acessos não autorizados, alterações indevidas e outras formas de brechas de segurança. Mediante a implantação de protocolos robustos de segurança e práticas como a criptografia, eles trabalham para proteger as informações contra ameaças cibernéticas e violações de dados.

Os direitos autorais são outra dimensão crucial. Com o aumento do compartilhamento de informações digitais, torna-se cada vez mais necessário compreender e respeitar os direitos de propriedade intelectual. A ciência da informação promove o conhecimento e o cumprimento das leis de direitos autorais, incentivando a utilização ética dos recursos e a atribuição adequada de créditos aos criadores originais.

Já o acesso à informação refere-se ao direito de buscar, receber e transmitir informações livremente. Este é um aspecto vital para a democracia e a participação cívica. A ciência da informação apoia políticas e tecnologias que promovem o acesso aberto e a disseminação do conhecimento, removendo barreiras e favorecendo a equidade no acesso a dados científicos e educacionais.

Por exemplo, iniciativas de Ciência Aberta e Repositórios Institucionais visam a uma ampla distribuição de artigos acadêmicos e dados de pesquisa sem as limitações impostas por paywalls, permitindo que pesquisadores e o público em geral possam se beneficiar de descobertas e inovações recentes.

Ademais, em linha com a governança da informação, surgem debates sobre a importância de políticas que busquem equilibrar questões de segurança nacional, vigilância e o direito à privacidade. A linha entre a vigilância, com fins de segurança, e a proteção dos direitos civis é tênue, e a ciência da informação atua na linha de frente para delinear políticas e práticas que assegurem tanto a segurança quanto a liberdade individual.

Além disso, na gestão de dados grandes, rápidos e variados — conhecidos como Big Data — os profissionais da ciência da informação devem navegar por questões éticas relativas à inferência de dados e perfis preditivos, o que tem implicações significativas para a discriminação e o tratamento justo de indivíduos.

É vital que a ciência da informação continue a evoluir em suas práticas, sempre com o compromisso ético de proteger o indivíduo e a sociedade, enquanto promove a troca de informação aberta e o crescimento coletivo do conhecimento humano.

As pesquisas e estudos em ciência da informação têm sido fundamentais para a inovação e aprimoramento de processos relacionados ao gerenciamento de informações. Este setor se dedica não apenas à coleta e organização de dados, mas também ao desenvolvimento de teorias e modelos que otimizam a interpretação, o uso e a disseminação do conhecimento. As contribuições provenientes desse campo são extensas e têm causado um impacto significativo em várias dimensões.

Dentro do âmbito acadêmico, a pesquisa em ciência da informação melhorou substancialmente as técnicas de busca e recuperação de informações em bancos de dados. Ferramentas e plataformas avançadas de pesquisa agora utilizam algoritmos sofisticados que permitem buscas mais precisas e filtradas, melhorando a acessibilidade e a relevância dos resultados. Um exemplo desse avanço é o emprego de sistemas de indexação semântica e a utilização de ontologias que enriquecem a busca por informações ao considerar o contexto e o significado dos termos pesquisados.

No contexto empresarial, os estudos da ciência da informação têm influenciado a gestão de recursos de informação, levando ao desenvolvimento de Sistemas de Informação de Gestão (MIS) e Sistemas de Apoio à Decisão (DSS). Estas ferramentas ajudam as empresas a coletar, processar e analisar dados para tomar decisões estratégicas informadas. Além disso, conceitos como Business Intelligence (BI) e Analytics permitiram às empresas aproveitar seus dados para obter uma vantagem competitiva no mercado.

O impacto no gerenciamento do conhecimento é outro exemplo significativo. As organizações passaram a entender melhor como capturar, armazenar e compartilhar o conhecimento tácito e explícito, fomentando culturas de aprendizado contínuo e inovação.

A ciência da informação também tem desempenhado um papel essencial na governança da informação, guiando organizações na conformidade com regulamentos de dados, como o GDPR (Regulamento Geral sobre a Proteção de Dados) da União Europeia, e na implementação de práticas éticas na coleta e uso de informações. A ênfase na privacidade e na ética da informação assegura que as organizações manejem os dados de maneira responsável e transparente.

Além disso, a área contribui significativamente para a Archives and Records Management (ARM), que se refere ao gerenciamento eficaz de registros e arquivos dentro de uma organização. As teorias e práticas avançadas nesse campo asseguram que documentos importantes sejam corretamente mantidos, preservados e acessíveis ao longo do tempo, o que é crucial para a continuidade dos negócios e responsabilidade organizacional.

Na esfera pública, a ciência da informação ajuda a moldar as políticas de acesso à informação e promove a transparência governamental, facilitando a participação cidadã e a fiscalização por parte do público.

No campo da tecnologia, suas pesquisas têm impulsionado o desenvolvimento de sistemas de recomendação inteligentes, utilizados em plataformas de e-commerce e streaming, que personalizam a experiência do usuário com base em seu comportamento e preferências.

Mais recentemente, a ciência da informação tem explorado as possibilidades trazidas pela Inteligência Artificial e Machine Learning, aplicando-as a problemas complexos de classificação e análise de grandes conjuntos de dados.

Consequentemente, as contribuições provenientes da ciência da informação são multifacetadas e tocam praticamente todos os aspectos da sociedade moderna. A busca contínua por melhorias na maneira como coletamos, organizamos, analisamos e disseminamos informações continua a impulsionar o progresso e a inovação em múltiplos setores.

A ciência da informação é um campo interdisciplinar vasto, voltado para a análise, a coleta, a classificação, a manipulação, o armazenamento, a recuperação e a proteção da informação. Esse campo complexo e multifacetado envolve diversos componentes que trabalham de maneira integrada para promover a eficiência e eficácia no uso da informação em todos os aspectos da sociedade.

2.5 Componentes da Ciência da Informação.

A seguir, uma análise mais profunda desses componentes principais. Cada um desses componentes desempenha um papel vital na formação do campo da ciência da informação. Ao integrar estes aspectos, os profissionais da área são capazes de abordar os desafios da Era da Informação, assegurando que dados e informações sejam tratados como recursos valiosos e manejados de uma maneira que beneficie indivíduos, organizações e a sociedade como um todo.

2.5.1 Teorias da Informação.

As teorias da informação emergem como a espinha dorsal conceitual da ciência da informação. Essas teorias formam o arcabouço que proporciona insights valiosos sobre a metamorfose dos dados em informação e, consequentemente, em conhecimento.

Essa transição não é puramente mecânica ou digital; é um processo intrinsecamente ligado às dimensões humanas de interpretação, contextualização e aplicação. Compreender esse processo é fundamental para o desenvolvimento de práticas e tecnologias que efetivem o melhor uso da informação.

A fundação oferecida pelas teorias da informação reflete a complexa natureza da própria informação, que transcende a sua forma física ou digital para se tornar algo que os seres humanos podem usar para criar significado e transformar o mundo ao seu redor.

Essas teorias são inestimáveis, pois oferecem orientação sobre o papel multifacetado da informação em diversas esferas da atividade humana, desde a tomada de decisões cotidianas até avanços científicos e inovações tecnológicas.

O "Behaviorismo Informacional" é uma dessas teorias, explorando como as pessoas buscam e utilizam a informação em diferentes contextos. Não foca apenas nos aspectos mecânicos da busca de informação, mas também nas motivações humanas, nas recompensas e no comportamento que guia a interação entre indivíduos e sistemas de informação.

Ao entender como e por que as pessoas buscam a informação que buscam, os profissionais da ciência da informação podem criar sistemas de busca e recuperação mais intuitivos e que correspondam melhor às necessidades de seus usuários.

Por outro lado, a "Economia da Informação" trata a informação como um bem econômico que possui valor intrínseco. Esta teoria analisa o mercado de informação, a oferta e demanda de dados, e como a informação é produzida, distribuída e consumida.

Ela também trata de questões como a propriedade intelectual e de como a informação influencia as decisões econômicas dentro de empresas e na sociedade como um todo. Com a economia do conhecimento se tornando cada vez mais dominante nas sociedades modernas, o papel da informação como força motriz da inovação, do progresso e do desenvolvimento econômico torna-se cada vez mais central.

Assim, compreender a informação do ponto de vista econômico significa apreciar como ela pode ser um ativo estratégico para indivíduos e organizações, e como as estratégias de gestão da informação podem afetar a competitividade e a produtividade.

Além dessas teorias, há ainda outros conceitos importantes na ciência da informação que se dedicam a explorar o fluxo da informação e sua gestão em sistemas complexos. Por exemplo, o "Paradigma da Informação Social", que vê a informação não só como um destino final, mas como um processo social contínuo que envolve a partilha, a interpretação e a geração de significado em comunidades e redes. Este paradigma enfatiza a colaboração, a criação de comunidades de prática e as dinâmicas de grupos na criação e no compartilhamento do conhecimento.

Outro aspecto fundamental é o papel das novas tecnologias de informação e comunicação na transformação dos processos de gestão da informação. A "Teoria da Cauda Longa", por exemplo, aborda como a internet transformou os mercados de produtos de nicho, proporcionando um meio para distribuir e acessar uma grande variedade de conteúdos especializados que, de outra forma, poderiam permanecer inexplorados.

O conceito de "Sobreinformação" ou "Infobesidade" também é significativo. Ele aborda os desafios colocados pelo excesso de informação disponível - como filtrar, priorizar e processar informações de um modo que previna a sobrecarga e permita o foco em informações pertinentes e verídicas.

Esta preocupação é crucial na era digital, onde a proliferação de fontes de informação pode levar ao paradoxo de ter mais dados ao nosso dispor, mas menos capacidade de tomar decisões informadas.

Uma das contribuições mais amplas das teorias da informação é, portanto, fornecer um alicerce para o desenvolvimento e aprimoramento de sistemas de informação que sejam tanto tecnicamente

2.5.2 Gestão da Informação.

No cerne da ciência da informação encontra-se a gestão da informação, que desempenha um papel fundamental na coleta e administração de dados de forma a serem utilizados de forma eficaz.

Essa disciplina abrange a implementação de sistemas de informação que são responsáveis por coletar, processar, armazenar e compartilhar dados específicos necessários para o funcionamento de organizações ou para fins de análise pessoal.

A disciplina da gestão da informação abrange a implementação de sistemas de informação que desempenham um papel crucial na coleta, processamento, armazenamento e compartilhamento de dados específicos necessários para o funcionamento de organizações ou para fins de análise pessoal.

Esses sistemas são projetados para lidar com diversas atividades relacionadas aos dados, como coletar informações relevantes, processá-las de maneira adequada, armazená-las de forma segura e disponibilizá-las quando necessário. Eles atuam como uma infraestrutura fundamental para garantir que as informações sejam adequadamente gerenciadas e possam ser utilizadas de maneira eficiente pelos usuários.

Um dos aspectos fundamentais da implementação de sistemas de informação é a coleta de dados relevantes. Isso envolve identificar quais informações são necessárias para atender aos requisitos da organização ou para a realização de análises pessoais.

Os sistemas são projetados para coletar dados de fontes internas e externas, seja por meio de processos automatizados, integração com outros sistemas ou entrada manual de dados. Essa coleta de informações é feita de forma a garantir a precisão e integridade dos dados, evitando duplicatas ou erros que possam comprometer a qualidade das informações.

Após a coleta, os sistemas de informação são responsáveis por processar os dados de maneira adequada. Isso envolve realizar transformações, cálculos, análises e extrair insights relevantes dos dados coletados. Os sistemas estão equipados com ferramentas e algoritmos que permitem a manipulação e a análise dos dados, possibilitando a geração de informações úteis para a tomada de decisões e planejamento estratégico.

Uma vez processados, os dados são armazenados em locais apropriados e seguros dentro dos sistemas de informação. Isso envolve a definição de estruturas de armazenamento, como bancos de dados, repositórios ou sistemas de gerenciamento de conteúdo. Os dados podem ser classificados e organizados de acordo com categorias específicas, facilitando a sua posterior recuperação e uso eficiente.

Além disso, os sistemas de informação garantem o compartilhamento adequado das informações. Isso envolve a criação de mecanismos que permitem o compartilhamento dos dados com as pessoas ou departamentos dentro da organização que precisam acessá-los.

Os sistemas de informação permitem a definição de permissões de acesso, assegurando que apenas aqueles autorizados tenham acesso aos dados sensíveis. Além disso, eles possibilitam a disseminação das informações para o público externo, quando necessário, por meio de canais adequados, como websites, plataformas de compartilhamento ou relatórios impressos.

A segurança dos dados também é uma preocupação central na gestão da informação. Os sistemas de informação são projetados para garantir a proteção dos dados por meio da implementação de medidas de segurança adequadas.

Isso inclui a criptografia dos dados, controle de acesso baseado em permissões, backups regulares e procedimentos de recuperação em casos de falhas ou perdas de dados. A segurança cibernética também desempenha um papel essencial na proteção dos sistemas de informação contra ataques maliciosos, como hacking ou roubo de dados.

Em resumo, a disciplina da gestão da informação abrange a implementação de sistemas de informação que desempenham um papel crucial na coleta, processamento, armazenamento e compartilhamento de dados específicos. Esses sistemas asseguram que as informações relevantes sejam adequadamente coletadas, processadas e armazenadas, facilitando seu acesso e uso eficiente.

Além disso, os sistemas de informação garantem a segurança dos dados e a disseminação adequada das informações dentro e fora das organizações. Com a implementação adequada de sistemas de informação, as organizações podem obter benefícios significativos, como maior eficiência operacional, tomada de decisões embasadas em dados sólidos e melhoria na qualidade dos serviços prestados.

A gestão da informação envolve, portanto, uma série de práticas e técnicas que visam garantir que os dados sejam gerenciados de forma adequada e que possam ser acessados e utilizados quando necessário.

Essas práticas incluem a definição de políticas de armazenamento e acesso aos dados, a implementação de bancos de dados e sistemas de gerenciamento de conteúdo, bem como a adoção de estratégias de indexação e recuperação de informações.

Além disso, a gestão da informação também é responsável por garantir a segurança e proteção dos dados, por meio da implementação de sistemas de backup e recuperação de dados, bem como de medidas de segurança cibernética.

2.5.3 Tecnologias da Informação.

A evolução tecnológica desempenha um papel fundamental na ciência da informação, fornecendo as ferramentas necessárias para a realização de suas funções. Os avanços em software e hardware têm impulsionado o desenvolvimento de sistemas de informação mais sofisticados e eficientes.

Um exemplo disso são os sistemas de banco de dados, que permitem a organização e recuperação eficiente de grandes volumes de dados. Com a evolução da tecnologia, esses bancos de dados se tornaram mais robustos, permitindo a criação de estruturas complexas e oferecendo recursos avançados de pesquisa e análise.

Os repositórios digitais são outra tecnologia vital na gestão da informação. Eles permitem o armazenamento e compartilhamento seguro de documentos, arquivos e outros tipos de conteúdo digital. Através desses repositórios, é possível catalogar e preservar informações valiosas, facilitando o acesso e a colaboração entre os usuários.

As redes de comunicação também são essenciais para a ciência da informação. A tecnologia de rede permite a troca rápida e eficiente de informações entre diferentes dispositivos e locais geográficos. Através da internet e de outros tipos de redes, é possível compartilhar dados, colaborar em projetos e acessar informações remotamente.

Além disso, as ferramentas de análise de dados têm se tornado cada vez mais poderosas, permitindo a interpretação e extração de insights valiosos a partir de grandes conjuntos de informações. A inteligência artificial e a aprendizagem de máquina são áreas em rápido desenvolvimento, que auxiliam na análise automatizada e na descoberta de padrões ocultos nos dados.

Outro aspecto relevante são o desenvolvimento contínuo de software e hardware voltados para a gestão da informação. Novas soluções tecnológicas são constantemente desenvolvidas para atender às demandas crescentes por melhores sistemas de informação. O objetivo é aprimorar a coleta, processamento, armazenamento e disseminação de informações, além de garantir a segurança e integridade dos dados.

No entanto, é importante ressaltar que a tecnologia por si só não é suficiente para a eficácia da ciência da informação. Ela é uma ferramenta poderosa que sustenta e potencializa as atividades relacionadas ao gerenciamento da informação, mas seu sucesso depende da aplicação adequada e da compreensão das necessidades e contextos específicos de cada organização ou indivíduo.

É importante notar também que a tecnologia está em constante evolução e novas soluções e ferramentas estão sendo desenvolvidas continuamente. É fundamental estar atualizado sobre as últimas inovações e tendências em tecnologia da informação, a fim de aproveitar ao máximo as oportunidades oferecidas para melhorar a gestão da informação.

2.5.4 Sistemas de Classificação e Indexação.

A organização da informação é um pilar fundamental dentro do vasto campo da ciência da informação. Esta disciplina se dedica a aprofundar e compreender as melhores práticas e metodologias para estruturar e gerir informações de maneira eficiente e eficaz, com o objetivo de otimizar a recuperação de dados e conhecimentos quando necessário.

É um aspecto de suma importância, dada a enorme quantidade de dados que são produzidos e acumulados constantemente nos mais diversos domínios do conhecimento.

Para alcançar tal objetivo, os sistemas de classificação desempenham um papel primordial. Entre eles, a Classificação Decimal de Dewey se destaca como um dos mais conhecidos e utilizados em bibliotecas ao redor do mundo. Este sistema organiza os livros e outros materiais em classes enumeradas que facilitam a localização de qualquer item sobre um tópico específico.

Por exemplo, ao procurar por livros de psicologia, um indivíduo saberia que precisa verificar os itens sob o número 150, que é o código que representa essa área do conhecimento dentro do sistema Dewey.

Da mesma forma, a Classificação da Biblioteca do Congresso, embora menos intuitiva para o público em geral, oferece uma estrutura mais detalhada e complexa, adequada para grandes coleções como as encontradas em instituições de pesquisa. Combinando letras e números, este sistema permite uma categorização mais granular, aspecto que viabiliza a ordenação e a recuperação de uma vasta gama de recursos que cobrem praticamente todos os âmbitos do conhecimento humano.

Para complementar os sistemas de classificação, métodos de indexação como índices de assunto e a utilização de palavras-chave representam outra técnica crucial. Eles possibilitam uma busca direcionada e refinada nas bases de dados e catálogos digitais.

Índices de assunto, por exemplo, reúnem obras e informações relacionadas sob termos específicos, permitindo aos usuários consultar todos os recursos associados a um determinado tema sem precisarem varrer toda a coleção. Semelhantemente, palavras-chave funcionam como faróis na imensidão do oceano informacional, indicando caminhos a seguir para chegar à informação pertinente, e podem ser baseadas em termos comuns, nomes de autores, títulos ou qualquer outro elemento que possa ser útil na identificação de informações relacionadas.

Em conjunção, esses sistemas de classificação e métodos de indexação criam uma infraestrutura que sustenta não apenas o acesso, mas também a disseminação do conhecimento. Em um mundo onde o volume de informações cresce exponencialmente, é essencial contar com essas ferramentas bem estruturadas e organizadas para garantir que os usuários possam encontrar o que procuram de forma rápida e eficiente. Sua implementação e a constante atualização se tornam, portanto, componentes críticos para bibliotecas, arquivos, centros de informação e outras instituições dedicadas a gerenciar acervos de informações.

Esses recursos, estrategicamente desenvolvidos e implementados por profissionais da ciência da informação, bibliotecários e outros especialistas, não apenas elevam a qualidade do gerenciamento de coleções como também enriquecem a experiência do usuário.

A capacidade de acessar informações de maneira ordenada e lógica é um passo crucial para o avanço do conhecimento humano. Em última instância, a maneira como classificamos e indexamos a informação molda o modo como a percebemos e interagimos com o mundo ao nosso redor, influenciando diretamente a nossa capacidade de aprender, entender e inovar.

2.5.5 Bibliometria.

A bibliometria representa um segmento especializado dentro do amplo universo da ciência da informação, dedicado a aplicar abordagens quantitativas no exame da produção científica e documental. Este campo emprega métodos estatísticos para escrutinizar diversas facetas da literatura escrita, como artigos acadêmicos, teses, livros e outras formas de comunicação erudita.

Ao fazer isso, a bibliometria desempenha um papel crucial ao lançar luz sobre as tendências de publicação, a dinâmica das citações e a disseminação do conhecimento científico e técnico.

Essa disciplina é particularmente valiosa para compreender como a informação se propaga dentro e entre diferentes comunidades e áreas de estudo. Através de sua lente quantitativa, a bibliometria pode revelar padrões de colaboração entre pesquisadores, identificar centros de excelência em campos específicos e detectar o surgimento de novas disciplinas ou subdisciplinas.

Além disso, ao analisar a frequência e a distribuição de citações de artigos, ela fornece insight valioso sobre a relevância e o reconhecimento percebidos na literatura de um determinado assunto ou autor.

Indicadores bibliométricos, elementos-chave na prática da bibliometria, servem como ferramentas para avaliar e comparar a importância de diferentes contribuições científicas. Entre os mais notáveis está o fator de impacto, que mede a média de citações que os artigos de um periódico específico recebem dentro de um período determinado.

Esta métrica é frequentemente usada para classificar revistas em suas respectivas áreas e pode influenciar a escolha dos pesquisadores em relação a onde submeter seus trabalhos.

Similarmente, o índice h é outro indicador bibliométrico respeitado, criado com a intenção de quantificar tanto a produtividade quanto o impacto dos acadêmicos. Um pesquisador com um índice h elevado publicou um número significativo de trabalhos que tenha sido citado frequentemente por seus pares. Este índice se tornou uma referência na avaliação de carreiras acadêmicas e na determinação do quão influente pode ser o corpo do trabalho de um pesquisador.

Além destes, outros indicadores bibliométricos incluem o número de citações por artigo, o índice de imediatismo, que mede a velocidade com que um trabalho é citado após sua publicação, e a colaboratividade, que analisa a extensão da colaboração entre diferentes autores e instituições. Cada um desses indicadores oferece diferentes perspectivas sobre a qualidade e o impacto da pesquisa. Eles são ferramentas valiosas para instituições acadêmicas, financiadores de pesquisa e órgãos governamentais na alocação de recursos, na avaliação de programas e no estabelecimento de políticas de pesquisa e desenvolvimento.

A bibliometria, no entanto, não está isenta de críticas. Há debates sobre a dependência excessiva de métricas quantitativas para avaliar o mérito científico, argumentando que isso pode favorecer áreas de pesquisa com maior tendência a altas taxas de publicação e citação em detrimento de campos que são igualmente importantes, mas intrinsecamente menos produtivos ou citados. Ainda assim, quando usada com discernimento e em conjunto com avaliações qualitativas, a bibliometria continua sendo uma ferramenta robusta para mapear a paisagem da pesquisa científica e impulsionar a compreensão dos processos de produção e disseminação de conhecimento.

A relevância da bibliometria no cenário contemporâneo só tende a crescer à medida que a produção científica e a competição por visibilidade e financiamento se intensificam. Ela se estabelece como uma área sofisticada de estudo que requer especialistas adeptos a métodos quantitativos e com profunda compreensão das dinâmicas da ciência e da comunicação acadêmica. Isso sublinha a importância de um desenvolvimento contínuo e de uma aplicação refletida deste campo para garantir que a ciência mantenha-se como uma empreitada progressiva e autêntica.

2.5.6 Literacia da Informação.

A literacia da informação, ou competência informacional, não é apenas um conjunto de habilidades, mas uma prática educativa crucial no mundo contemporâneo, caracterizado por uma explosão de dados e informações. No cerne dessa prática está o desenvolvimento de capacidades essenciais que vão além da capacidade de simplesmente acessar dados; trata-se de fomentar uma série de competências interligadas que capacitam as pessoas a selecionar, julgar e empregar a informação de maneira eficaz e ética.

Com a democratização do acesso à internet e o avanço das tecnologias de informação, o volume de dados disponíveis para a média dos indivíduos aumentou de forma vertiginosa. Neste cenário de sobrecarga informacional, simplesmente acessar a informação não é suficiente.

Os indivíduos precisam ser capazes de discernir a qualidade e a veracidade dos dados que encontram, precisam saber como localizar informações relevantes em meio a vastas quantidades de conteúdo irrelevante ou de baixa qualidade, e precisam estar equipados para aplicar essa informação de maneira que beneficie suas vidas pessoais e profissionais.

A literacia da informação envolve, inicialmente, a habilidade de formular perguntas de pesquisa precisas e de identificar os recursos de informação mais apropriados para responder a essas perguntas. Isso pode incluir o uso de bibliotecas digitais, bancos de dados acadêmicos, motores de busca da web, arquivos, e até redes sociais e plataformas de mídia. A eficácia neste processo é aumentada pela familiaridade com diversas taxonomias de informação e estratégias de pesquisa avançada.

Após localizar as informações, começa o estágio crítico de avaliação. Os indivíduos precisam de habilidades analíticas para avaliar a credibilidade das fontes, a precisão dos dados, a relevância para o contexto em questão e o potencial viés ou perspectiva subjacente. O profissional em literacia da informação ensina a examinar as credenciais do autor, a data da publicação, os métodos de pesquisa empregados, e outros critérios que diferenciam a informação confiável da desinformação.

Uma vez que as informações apropriadas são identificadas e avaliadas, a próxima habilidade vital na literacia da informação é a eficiência em usar essa informação. Isso implica saber como sintetizar e integrar novas informações a conhecimentos prévios, bem como, como aplicá-las na resolução de problemas, na tomada de decisões ou na geração de novo conhecimento.

Além disso, a competência informacional também abrange a habilidade de comunicar informações de forma clara e eficaz para outros, respeitando os direitos autorais e as práticas éticas associadas ao uso de informações de terceiros.

O objetivo final da literacia da informação é então criar indivíduos informados, que não apenas consumam informações passivamente, mas que também participem ativamente na sociedade como cidadãos engajados, profissionais competentes e acadêmicos inovadores.

Tais indivíduos têm uma compreensão aguda de como o conhecimento é construído, compartilhado e utilizado, o que é fundamental em um mundo onde as notícias falsas e a desinformação podem ter repercussões reais e muitas vezes perigosas.

Os educadores desempenham um papel-chave nessa jornada ao integrar práticas de literacia da informação em todos os níveis de ensino, desde a escola primária até o ensino superior e a educação continuada. Eles precisam desenvolver programas de instrução que ensinem não apenas as habilidades técnicas de manuseio de informações, mas também promovam o pensamento crítico e a reflexão sobre como a informação pode ser usada para promover o bem comum.

Além disso, o desenvolvimento da literacia da informação requer uma colaboração estreita entre bibliotecários, educadores e profissionais de tecnologia da informação, a fim de criar ambientes que apoiem o uso e a análise crítica da informação.

2.5.7 Arquitetura da Informação.

A arquitetura da informação ocupa um lugar de destaque dentro do campo da ciência da informação, especialmente no que diz respeito ao design e à gestão de sistemas digitais. Essa disciplina estratégica engloba um leque de práticas e princípios voltados para a organização estruturada de dados e informações, com o propósito de facilitar o acesso e a interação dos usuários. Em um mundo onde o fluxo de informações é incessante e por vezes esmagador, a contribuição do arquiteto da informação torna-se imensurável.

Arquitetos da informação são os profissionais encarregados de conceber, planejar e implementar estruturas informacionais que não só comportem a magnitude dos dados, mas que também os disponham de uma forma que faça sentido para o usuário final. Eles devem entender profundamente as necessidades e comportamentos dos usuários para criar categorizações e taxonomias que permitam uma navegação intuitiva e eficiente em ambientes digitais variados, desde websites corporativos até aplicativos móveis e repositórios de dados acadêmicos.

Um dos principais objetivos da arquitetura da informação é proporcionar uma experiência de usuário (UX) que seja ao mesmo tempo gratificante e eficaz. Isto é alcançado por meio de interfaces bem projetadas e lógicas claras de navegação que guiam os usuários ao longo de seus percursos informacionais. Com uma hierarquia de informações bem estabelecida e um sistema de categorias coerente, o usuário consegue entender facilmente onde está e como chegar à informação que procura sem sentir-se perdido ou frustrado.

Além disso, uma arquitetura da informação eficaz também deve levar em conta a adaptabilidade e a escalabilidade dos sistemas. Considerando que o volume de dados em ambientes digitais está em constante expansão, os sistemas projetados devem ser capazes de se adaptar a mudanças tanto no volume como na natureza da informação. Isto requer um planejamento meticuloso, que antecipe as necessidades futuras e possíveis ajustes na estrutura informacional.

Os arquitetos da informação desempenham, sobretudo, um papel central na concepção de sistemas de informação que não são meras coleções desorganizadas de dados, mas sim ecossistemas informativos lógicos e coerentes, onde cada elemento de informação está estrategicamente posicionado para a fácil recuperação e utilização. Ao criar estas estruturas, esses profissionais facilitam que os usuários encontrem o que procuram rapidamente, o que é crucial em uma era onde tempo e atenção são extremamente valiosos.

O trabalho do arquiteto da informação começa com uma compreensão aprofundada das necessidades dos usuários, o que frequentemente envolve pesquisa e análise de comportamento. A partir disso, eles desenvolvem esquemas de organização, rotulação e navegação que são fundamentais para um sistema de informação eficiente. Essa organização precisa ser intuitiva para que indivíduos de diferentes backgrounds e níveis de habilidade tecnológica possam usar o sistema sem dificuldades excessivas.

Elementos visuais e funcionais, como menus, mapas do site, ferramentas de busca e etiquetas são cuidadosamente projetados para serem não apenas esteticamente agradáveis, mas também para servirem como ferramentas efetivas no processo de busca e obtenção de informações. A organização lógica do conteúdo ajuda a garantir que os usuários não serão sobrecarregados pelo excesso de informações e poderão navegar pelo sistema com um senso de orientação e propósito.

Além disso, a arquitetura da informação não é apenas sobre a estruturação de dados e informações, mas também sobre a criação de contextos que permitam aos usuários entender e interpretar esses dados. Isso inclui a definição de metadados e a implementação de sistemas de tagging que ajudam a descrever o conteúdo e facilitar sua descoberta por mecanismos de busca internos e externos.

Em ambientes digitais onde grandes quantidades de dados são a norma, a relevância e a utilidade da arquitetura da informação só aumentam. Sites de comércio eletrônico, plataformas educacionais online, repositórios digitais de pesquisa e até mídias sociais são beneficiados por uma boa arquitetura da informação, que estrutura as informações de modo a permitir aos usuários encontrar o que necessitam sem demora. Os processos de filtragem e busca tornam-se mais eficientes, as informações mais acessíveis e, consequentemente, a tomada de decisão dos usuários mais informada e fundamentada.

A importância da arquitetura da informação também reside na sua habilidade de criar uma linguagem comum entre os diferentes sistemas e plataformas. Isto é essencial para a interoperabilidade entre diferentes repositórios de informação e para a integração de diferentes tecnologias. Com a implementação de padrões e protocolos comuns, permite-se que diferentes sistemas comuniquem entre si e que dados possam ser compartilhados e reutilizados sem interrupções, mantendo a consistência e a precisão informacional em diferentes contextos.

Do ponto de vista do negócio, uma arquitetura da informação bem-executada pode ser um fator determinante para o sucesso. No ambiente online, onde as primeiras impressões são vitais, uma estrutura lógica e intuitiva pode atrair e reter usuários, enquanto um sistema confuso e complexo pode afastá-los. Da mesma forma, a capacidade de apresentar rapidamente os resultados mais relevantes e valiosos aumenta a probabilidade de conversão, seja em vendas, inscrições ou outra forma de engajamento desejado.

Neste contexto, o papel dos arquitetos da informação é contínuo e evolutivo. Eles devem estar atentos às tendências emergentes, às mudanças nas expectativas dos usuários e aos avanços tecnológicos que possam afetar a maneira como interagimos com as informações. Assim, a arquitetura da informação é uma disciplina que exige aprendizado constante e a adaptação ágil às novas circunstâncias, para manter os ambientes digitais acessíveis, relevantes e à prova de futuro.

2.5.8 Ética e Legislação da Informação.

No campo da gestão da informação, a ética e a legislação são pilares fundamentais que orientam a conduta profissional e as práticas organizacionais. Enquanto a ética da informação envolve uma reflexão profunda e a tomada de decisão sobre o uso correto e responsável da informação, a legislação da informação lida com o arcabouço jurídico que regula o manuseio e a distribuição da informação.

A ética da informação, em sua essência, trata dos princípios morais que governam as ações dos indivíduos e das instituições no que se refere à informação. Uma das principais considerações éticas é o uso justo dos dados, que exige um equilíbrio entre os direitos de acesso e utilização da informação e os direitos de propriedade intelectual e privacidade.

Profissionais da informação precisam fazer julgamentos sobre o que constitui um uso justo em contextos variados, equilibrando a promoção do livre acesso ao conhecimento com o respeito pelos direitos dos criadores de conteúdo.

A privacidade de dados é outro pilar ético, destacando a necessidade de proteger as informações pessoais dos indivíduos de exposições não autorizadas e usos indevidos. Com o crescente volume de dados pessoais coletados pelas organizações, crescem também as preocupações com a forma como esses dados são armazenados, processados e compartilhados.

Profissionais de informação devem estar comprometidos com a proteção da privacidade, uma responsabilidade que vai desde a concepção de sistemas de informação até a política organizacional e práticas cotidianas.

A responsabilidade no manuseio de informações sensíveis é também fundamental. Isso implica uma diligência especial e procedimentos rigorosos para assegurar a integridade e a confidencialidade de informações que possam ter implicações significativas para indivíduos ou comunidades, se negligenciadas ou expostas.

A legislação da informação, por sua vez, trata de traduzir esses princípios éticos em um corpo de leis e regulamentos concretos. Através de leis de direitos autorais, as sociedades definem o equilíbrio entre a proteção da propriedade intelectual e a promoção do acesso e compartilhamento do conhecimento. As leis de proteção de dados, por exemplo, buscam salvaguardar a privacidade dos indivíduos estabelecendo regras para a coleta, uso, transferência e armazenamento de dados pessoais pelas organizações.

Adicionalmente, as regulamentações sobre transparência e acesso à informação pública são críticas para a democracia e o funcionamento dos governos. Elas permitem que os cidadãos obtenham informações sobre as ações do governo, promovendo a prestação de contas e a participação cívica. A lei de acesso à informação é exemplo de como a legislação pode promover a transparência e empoderar o público.

Os profissionais da informação, portanto, devem possuir uma compreensão profunda tanto dos aspectos éticos quanto dos legais do seu ofício. Deve-se promover uma prática profissional que não apenas atenda às exigências da lei, mas que também esteja alinhada com os valores éticos mais amplos da sociedade. À medida que a tecnologia avança e o cenário dos dados se torna cada vez mais complexo, esses profissionais precisam ser capazes de interpretar as leis existentes e, ao mesmo tempo, antecipar as necessidades éticas emergentes.

A competência em Ética e Legislação da Informação não é estática; ela requer educação contínua e um compromisso com o aprendizado ao longo da vida. Os profissionais devem manter-se atualizados com as mudanças nas leis e regulamentos, bem como com as discussões éticas que moldam sua aplicação no mundo real.

A rápida digitalização trouxe consigo novos dilemas éticos e desafios legais, como o debate em torno da inteligência artificial e ética algorítmica, o aumento de preocupações com a segurança cibernética, e os questionamentos sobre a equidade no acesso à informação. Com isso, a responsabilidade do profissional de informação somente se intensifica.

A capacidade de discernir e aplicar princípios éticos ao lidar com dados e informações é essencial em um mundo onde as fronteiras entre o público e o privado, o pessoal e o profissional são cada vez mais tênues. Profissionais da área são chamados a agir como mediadores entre os imperativos tecnológicos e as expectativas sociais, assegurando que os avanços na coleção e análise de dados não superem os comprometimentos éticos fundamentais com a individualidade e os direitos humanos.

Além disso, a adequação à legislação vigente é um processo que demanda diligência e conhecimento técnico. A aplicação das leis de proteção de dados, por exemplo, pode ser um procedimento intricado, que envolve auditorias de privacidade, avaliações de impacto de proteção de dados e uma contínua monitoração da conformidade. Isso não apenas protege a organização de penalidades legais, mas também consolida sua reputação ao demonstrar respeito pelas informações pessoais e direitos individuais.

Para navegarem efetivamente esses aspectos complexos, organizações frequentemente contam com comitês de ética da informação, oficiais de proteção de dados e equipes legais especializadas para assegurar que tanto a gestão dos dados quanto as operações do dia a dia permaneçam em conformidade com os padrões éticos e regulatórios. Essas funções e estruturas internas auxiliam na criação de um ambiente onde a ética e a legislação não são vistas como um fardo, mas como uma parte integrante da missão organizacional.

No cerne desses esforços está a conscientização de que a informação possui um poder inerente, tanto para o bem quanto para o mal. Utilizar esse poder de forma sábia, justa e legal é mais do que uma exigência profissional; é uma necessidade social. A orientação ética e o cumprimento da legislação são os filtros através dos quais todas as decisões relativas à informação devem passar, garantindo que a manipulação de dados e informações aconteça de forma que honre a dignidade humana, o avanço do conhecimento e a integridade do indivíduo.

Nesse sentido, a ética e a legislação da informação não são apenas componentes acadêmicos ou profissionais abstratos; eles são a bússola moral e o quadro jurídico que orientam os profissionais a navegar no complexo campo da informação. Eles fornecem o conjunto de princípios que devem ser aplicados nas atividades diárias, bem como os padrões legais que moldam e delimitam essas atividades.

Os profissionais da informação, armados com uma forte compreensão da ética e da legislação da informação, encontram-se em uma posição única para liderar pelo exemplo, promovendo práticas que respeitem os direitos dos indivíduos e fomentem um ambiente de confiança e transparência. Eles não são apenas guardiães da informação, mas também defensores dos princípios de justiça e equidade que devem acompanhar a coleta, análise e disseminação da informação.

O domínio da ética e da legislação da informação não é uma meta final, mas um processo contínuo de avaliação e realinhamento das práticas de informação com os valores éticos emergentes e as mudanças na legislação. À medida que as tecnologias digitais transformam as bibliotecas, arquivos e outras instituições de memória, e o big data continua a remodelar paisagens em todos os setores, a necessidade de profissionais qualificados em ética e legislação da informação só aumenta.

Estabelecendo programas de treinamento e desenvolvimento profissional, e participando em fóruns acadêmicos e profissionais, os profissionais da informação podem se manter à frente das tendências e preparados para enfrentar novos desafios éticos e legais. Promover uma cultura organizacional que valoriza e respeita os princípios éticos e a conformidade com a legislação é, em si, um ato de liderança estratégica.

Assim, a ética e a legislação da informação não são apenas questões teóricas, são aspectos práticos essenciais que definem o terreno no qual o trabalho com informações se desenrola, influenciando diretamente o comportamento dos profissionais e a confiança do público nas instituições que gerenciam dados e informações. Uma abordagem informada e diligente a esses aspectos solidifica a fundação para um sistema de governança da informação robusto, justo e responsável.

2.5.9   Acesso à Informação.

O acesso à informação é uma pedra angular das sociedades democráticas, destacando-se como um direito fundamental que a ciência da informação se esforça para promover e defender. Na interseção entre ética e legislação, o acesso à informação representa o compromisso de se assegurar que a informação não seja apenas um privilégio de poucos, mas um recurso acessível e equitativo disponível para todos.

Esse princípio democrático ressalta a importância de sistemas e políticas que facilitam a divulgação e o uso da informação de maneira justa e aberta, sem discriminar usuários com base em status socioeconômico, educação ou localização geográfica.

Tem como finalidade superar as barreiras que impedem indivíduos e comunidades de acessar e utilizar a informação, garantindo que todos tenham as mesmas oportunidades de se informar, aprender e participar ativamente do diálogo cívico e cultural.

Na prática, a realização deste ideal igualitário requer esforços conscientes e deliberados por parte dos profissionais da informação. Bibliotecários, arquivistas e outros gestores da informação desempenham um papel essencial na remoção de obstáculos ao acesso, seja simplificando processos de busca de informação, seja oferecendo assistência e educação sobre como localizar e usar recursos informativos eficazmente.

Eles também se esforçam para tornar a informação disponível em formatos que sejam acessíveis a pessoas com deficiência, garantindo que a inclusão digital e a acessibilidade sejam prioridades nas agendas políticas e organizacionais.

Para promover o acesso à informação, a ciência da informação também se concentra no desenvolvimento e aplicação da legislação adequada. Leis e regulamentos, como as leis de acesso à informação e transparência governamental, são instrumentos vitais nesse processo. Eles exigem que órgãos públicos divulguem ativamente informações e respondam a solicitações de acesso de maneira oportuna e completa. Isso não só reforça o direito do público de saber o que está sendo feito em seu nome, como também apoia o combate à corrupção

2.5.10 Interoperabilidade.

A interoperabilidade representa um desafio técnico crítico e uma meta estratégica na ciência da informação, essencial para a criação de um ecossistema tecnológico coeso e eficiente. Este conceito descreve a capacidade de diferentes sistemas informáticos e organizações para comunicar, trocar dados e utilizar as informações que foram transmitidas sem interrupções ou incompatibilidades. A importância da interoperabilidade não pode ser subestimada, pois ela é a pedra angular que permite que entidades separadas funcionem como uma única, coerente e mais eficaz.

O cerne da interoperabilidade reside na padronização. O desenvolvimento e a adoção de padrões abertos e protocolos são cruciais para assegurar que os sistemas informáticos—sejam eles softwares, hardwares ou protocolos de comunicação—possam entender e processar dados de forma consistente e com precisão.

Padrões como o HTTP para a web, o SQL para bancos de dados e o XML para a troca de dados são exemplos de como regras bem-definidas e amplamente aceitas facilitam a interoperabilidade a nível global.

No âmbito da ciência da informação, a interoperabilidade se manifesta através da integração de catálogos bibliotecários, sistemas de arquivamento eletrônico, repositórios de pesquisa e plataformas de e-learning, apenas para mencionar alguns. A adoção de metadados estruturados de acordo com esquemas padronizados, como o Dublin Core, permite que informações sobre diferentes itens de informação sejam facilmente compartilhadas e compreendidas por uma variedade de sistemas.

Com isso, um usuário pode pesquisar um catálogo de biblioteca e acessar materiais de várias bibliotecas e arquivos que talvez nunca tenham estado em contato físico uns com os outros, mas que podem ser unidos virtualmente graças a normas interoperáveis.

A interoperabilidade também desempenha um papel significativo na promoção da colaboração entre instituições, possibilitando que diversas organizações se beneficiem do compartilhamento de informações. Por exemplo, numa rede de cuidados de saúde, um paciente que visita diferentes clínicas e hospitais pode ter seu histórico médico acessível por vários profissionais de saúde devido à capacidade dos seus sistemas de compartilharem dados de forma eficiente.

Da mesma forma, no setor acadêmico, a interoperabilidade permite que pesquisadores de várias instituições colaborarem em projetos conjuntos, partilhando dados de pesquisa, observações e resultados em plataformas comuns que podem processar e interpretar os dados independentemente dos sistemas locais utilizados por cada cientista.

Além disso, a interoperabilidade desempenha um papel vital na maximização da eficiência operacional das organizações. Com sistemas capazes de se comunicar uns com os outros, a necessidade de duplicação de esforços é reduzida e os processos são simplificados, o que leva a uma redução significativa no tempo e nos custos operacionais.

Por exemplo, na indústria, a capacidade de componentes de sistema diferentes - tais como software de gestão de inventário, sistemas de processamento de pedidos e plataformas de CRM (Customer Relationship Management) - para se integrarem uns com os outros permite um fluxo de trabalho mais suave e uma melhor experiência para o cliente.

No entanto, alcançar interoperabilidade plena é complexo. Enfrenta-se o desafio da inércia de sistemas legados que podem não aderir aos padrões modernos, bem como a resistência organizacional às mudanças de sistemas estabelecidos por causa dos custos e esforços envolvidos. Desafios técnicos, como a compatibilidade entre diferentes gerações de tecnologias e a necessidade de segurança robusta para proteger dados enquanto são compartilhados entre sistemas, também devem ser superados.

A fim de mitigar essas dificuldades, a governança de TI juntamente com a liderança organizacional tem um papel crucial na promoção da cultura de interoperabilidade, incentivando a adoção de tecnologias alinhadas com padrões globais e investindo no treinamento de pessoal para gerenciar sistemas interconectados de forma eficaz.

Em última análise, a interoperabilidade é mais do que apenas uma questão técnica; é um facilitador de inovação e cooperação que transcende fronteiras organizacionais e geográficas.

Quando bem implementada, permite que organizações e sistemas individuais cooperem em um nível que potencializa a troca de conhecimentos e promove um avanço mais rápido na pesquisa, no desenvolvimento de produtos, nos cuidados de saúde, na educação e em inúmeros outros setores. Ao simplificar o acesso à informação e ao conhecimento, a interoperabilidade auxilia na superação de barreiras históricas e estimula uma mais ampla colaboração e compartilhamento de recursos.

A tendência rumo a um mundo cada vez mais interconectado e dependente de tecnologias digitais coloca a interoperabilidade no centro de muitas discussões sobre o futuro da tecnologia e da informação. Iniciativas de dados abertos, por exemplo, não apenas fomentam a transparência e a reutilização de dados, mas também dependem da interoperabilidade para garantir que as informações possam ser efetivamente usadas por terceiros.

Além disso, à medida que avançamos em áreas como a Internet das Coisas (IoT), o Big Data e a Inteligência Artificial, a necessidade de interoperabilidade torna-se cada vez mais premente. Dispositivos IoT, por exemplo, geram enormes volumes de dados que precisam ser compartilhados e analisados por uma multiplicidade de aplicativos e sistemas. Sem os protocolos e padrões adequados, poderíamos não apenas perder em eficiência, mas também em potenciais insights que poderiam surgir da análise cruzada de dados de diferentes fontes.

Assim, a interoperabilidade é um aspecto técnico fundamental que, quando efetivamente implementado, é sinônimo de comunicação mais fluida, mais colaboração e maiores inovações. Ao abraçar padrões abertos e promover a construção de infraestruturas tecnológicas interoperáveis, a ciência da informação atua como um propulsor do conhecimento e da tecnologia, quebrando barreiras e unificando esforços para um futuro mais conectado e informado.

2.5.11 Segurança da Informação.

A segurança da informação é uma área crítica da gestão de dados, vital para a preservação da confidencialidade, integridade e disponibilidade de informações. Este componente essencial abrange um conjunto vasto e complexo de estratégias, práticas e tecnologias projetadas para proteger dados digitais de qualquer forma de acesso não autorizado, uso indevido, divulgação, desfiguração, alteração, corrupção ou destruição.

A segurança da informação é o escudo contra as vulnerabilidades que podem ser exploradas por ataques cibernéticos, garantindo que a privacidade e a proteção dos dados sejam mantidas em todas as situações.

No centro da segurança da informação está a criptografia, uma das tecnologias mais potentes e amplamente utilizadas para proteger a transmissão de dados. A técnica envolve a transformação de informações compreensíveis (texto claro) em uma forma codificada (texto cifrado) usando algoritmos e chaves seguras, de modo que apenas as entidades autorizadas possam acessar o conteúdo original por meio de um processo de descriptografia.

A criptografia é aplicada tanto no armazenamento de dados (como em discos rígidos e dispositivos de armazenamento) quanto na transmissão de dados (como em comunicações pela internet), tornando-se uma barreira fundamental contra o acesso indevido.

Autenticação é outra camada importante de segurança, envolvendo a verificação da identidade de usuários, sistemas ou entidades antes de lhes conceder o acesso a recursos ou informações.

Métodos de autenticação podem incluir o uso de senhas, tokens, reconhecimento biométrico ou cartões inteligentes, todos projetados para assegurar que apenas indivíduos autorizados possam acessar sistemas e dados sensíveis.

Em conjunto com a autorização, que define os níveis de acesso e permissões dos usuários autenticados, forma-se uma barreira contra usuários mal-intencionados.

Além disso, a segurança de rede é um campo abrangente que inclui a proteção da infraestrutura de comunicação e computação. Abrange uma série de dispositivos, incluindo switches, roteadores e firewalls, bem como softwares de segurança dedicados, como sistemas de detecção e prevenção de intrusões (IDS/IPS) e plataformas de gestão unificada de ameaças (UTM).

Essas ferramentas são essenciais para monitorar e proteger o tráfego de rede contra atividades suspeitas ou maliciosas, garantindo que ameaças sejam identificadas e mitigadas antes que possam infiltrar na rede e causar danos.

As políticas de segurança são o alicerce para toda a estrutura de proteção da informação. Essas políticas delineiam as regras e procedimentos que governam a conduta adequada dos usuários e a utilização segura dos recursos de TI.

Incluem diretrizes para a criação de senhas fortes, procedimentos de resposta a incidentes, controle de acesso, gestão de patches e atualizações de segurança, além da regulamentação sobre backups e recuperação de desastres. Eles são cruciais para criar uma cultura de segurança em uma organização e para garantir que as práticas de segurança sejam seguidas consistentemente por todos os funcionários e partes interessadas.

A segurança da informação também envolve a educação e o treinamento contínuo dos usuários, pois o fator humano frequentemente representa o elo mais fraco na cadeia de segurança. A consciência e treinamento regulares podem mitigar riscos provenientes de engenharia social, phishing e outros métodos que exploram a ingenuidade ou desatenção dos usuários.

Complementando essas medidas está a governança de segurança da informação, que proporciona um framework estratégico para gerenciar e alinhar as práticas de segurança com os objetivos da organização. Ela inclui a execução de avaliações de risco, a implementação de um programa de gerenciamento de riscos e a adoção de padrões de segurança da informação reconhecidos internacionalmente, como as séries ISO/IEC 27000.

Outro elemento essencial à segurança da informação é a gestão de continuidade do negócio, que se concentra na manutenção das operações da empresa em face de interrupções significativas. Planos de continuidade do negócio e recuperação de desastres são projetados para que, no caso de uma violação ou falha grave de segurança, os impactos nos processos críticos de negócios sejam minimizados e a recuperação possa ocorrer de maneira rápida e ordenada.

Em um nível ainda mais detalhado, a segurança da informação compreende o monitoramento contínuo e a análise forense de dados para identificar e responder a incidentes de segurança. Técnicas de análise forense digital são implementadas após um incidente de segurança para entender como ele ocorreu e para identificar os responsáveis, além de servir para fortalecer as defesas contra eventos futuros.

O conceito de defesa em profundidade é outra estratégia-chave na segurança da informação, promovendo uma abordagem multicamadas que inclui medidas físicas, técnicas e administrativas. Essa abordagem reconhece que não existe uma única solução infalível para segurança e que múltiplas barreiras são necessárias para desencorajar os invasores e proteger as informações de diversas formas de ameaças.

Por fim, a conformidade legal e regulatória é um aspecto incontornável da segurança da informação. Leis e regulamentos como o Regulamento Geral sobre a Proteção de Dados (GDPR) da União Europeia, a Lei Geral de Proteção de Dados Pessoais (LGPD) no Brasil e a Lei de Portabilidade e Responsabilidade de Seguros de Saúde (HIPAA) nos Estados Unidos estabelecem padrões rigorosos para a proteção de informações pessoais e sensíveis. As organizações devem estar atentas a esses requisitos para evitar penalidades legais, mas também como uma questão de ética corporativa e responsabilidade social.

A segurança da informação, portanto, é multifacetada e permeia todos os aspectos da interação com dados digitais. A implementação eficaz de medidas de segurança exige um compromisso organizacional com a melhoria contínua e a adaptação às novas ameaças que inevitavelmente surgirão no cenário digital em constante evolução.

Enquanto defensora da integridade, disponibilidade e confidencialidade da informação, a segurança da informação garante não apenas a proteção contra danos diretos, mas também ajuda a manter a confiança dos usuários e a preservar a reputação das instituições no que diz respeito à gestão de dados sensíveis.

3 GERENCIAMENTO DE DADOS.

O gerenciamento de dados, ou Data Management, é uma função essencial que abarca todas as disciplinas relacionadas à manipulação e manutenção dos dados que as organizações precisam para operar eficientemente e gerar valor. Como a coluna vertebral que sustenta as operações de uma empresa, o gerenciamento de dados envolve uma série de práticas e processos voltados para a coleta, manutenção e uso de dados de forma segura, eficaz e eficiente.

Um programa de gerenciamento de dados eficaz começa com a Curadoria de Dados, que normalmente envolve a seleção cuidadosa e organização de dados precisos e relevantes que serão úteis para analistas, cientistas de dados, tomadores de decisão e outros usuários finais.

Esta etapa é essencial para garantir que os dados sejam acessíveis, compreensíveis e aplicáveis às necessidades do negócio. Os curadores de dados são como bibliotecários do mundo digital; eles identificam conjuntos de dados valiosos, catalogam-nos, garantem sua qualidade e integridade e às vezes interpretam esses dados para os usuários.

Já a Administração de Dados foca na gestão técnica, envolvendo o desenvolvimento e execução de arquiteturas, políticas, práticas e procedimentos que gerenciam o ciclo de vida dos dados pelas empresas.

Estes administradores lidam com questões complexas como o armazenamento de dados em multiplataformas, segurança dos dados, recuperação de dados e otimização do banco de dados. Eles asseguram que os sistemas de dados sejam robustos, seguros, e estejam prontos para responder às necessidades em rápida mudança de uma organização.

Vamos analisar cada uma destas subáreas com mais detalhes.

3.1   Curadoria de dados.

A curadoria de dados é uma prática meticulosa e estratégica que envolve a coleta, gerenciamento, preservação e disseminação de dados. Essa atividade, essencial em uma era dominada por uma avalanche de informações digitais, é fundamentada na premissa de que os dados, se forem adequadamente coletados e mantidos, constituem uma fonte valiosa de insight e conhecimento.

A curadoria de dados torna-se particularmente importante dada a velocidade com que acumulamos informações e a necessidade de garantir que os dados valiosos não sejam apenas salvaguardados, mas também acessíveis e utilizáveis ao longo do tempo.

No coração da curadoria de dados reside a noção de valor a longo prazo. Diferentes de conjuntos de dados brutos e não tratados, os dados curados são cuidadosamente selecionados e gerenciados com a intenção de serem úteis para a pesquisa, análise e tomada de decisões futuras. A curadoria envolve diversos passos cruciais, que começam bem antes de os dados serem coletados e continuam muito além do seu uso inicial.

A curadoria digital emerge como uma prática essencial no dinâmico e amplo contexto da gestão da informação, ocupando-se especificamente com os desafios que envolvem a seleção cuidadosa, preservação e gerenciamento de conteúdos digitais. Esta prática assegura que informações e conteúdos criados, distribuídos e armazenados eletronicamente sejam mantidos ao longo do tempo, facilitando o acesso contínuo e preservando o legado informacional da sociedade atual para as gerações futuras.

A realidade da curadoria digital abrange um espectro muito mais amplo do que a simples arquivagem. Ela implica uma série de atividades criteriosas que garantem a integridade, a acessibilidade e a usabilidade de conteúdos tanto no presente quanto no futuro. Isso inclui a preservação de materiais tradicionalmente não digitais que foram digitalizados, como livros históricos, jornais, imagens e documentos oficiais, que representam um registro do pensamento humano, da cultura e da história.

No entanto, a curadoria digital não se limita aos artefatos que fizeram a transição do físico para o digital. Há também um crescente universo de conteúdos natos-digitais — aqueles que foram criados originalmente em formato digital. Esses incluem e-mails, entradas de blogs, sites, produtos de software, bancos de dados e até comunicações em mídias sociais. Estes itens incorporam a comunicação, os dados e as criações artísticas da era moderna e são peças fundamentais da história contemporânea.

O trabalho do curador digital envolve o exercício constante de tomada de decisão estratégica sobre quais conteúdos devem ser preservados e como preservá-los. Um dos desafios chave da curadoria digital é a obsolescência tecnológica.

As plataformas, os formatos de arquivos e as mídias de armazenamento estão em contínua evolução, levando ao risco de determinados conteúdos tornarem-se inacessíveis à medida que as tecnologias antigas são substituídas por novas. Assim, os curadores digitais devem ser visionários no planejamento e na aplicação de métodos e tecnologias que garantam a migração e a emulação de dados de forma a prevenir tais perdas.

A função de proteger o conteúdo digital para o futuro vai além do armazenamento seguro. Requer a implementação de metadados detalhados — informações sobre os dados que fornecem contexto, significado e facilitam a busca e o resgate de informações — e de estratégias que mantenham a autenticidade e a proveniência dos conteúdos digitais.

A curadoria eficaz desses elementos é essencial para manter a confiabilidade do registro digital e para proporcionar a compreensão plena do seu contexto original e seu uso pretendido.

No ambiente virtual, o conteúdo é suscetível a ameaças como corrupção de dados, perda de integridade e questões de segurança cibernética, que podem resultar em danos irreparábleis a materiais insubstituíveis. Portanto, a curadoria digital também deve abordar a implementação de medidas de segurança robustas e planos de recuperação de desastres, assegurando que o legado digital possa sobreviver a tais desafios.

As metodologias empregadas na curadoria digital variam e dependem do tipo de conteúdo e dos objetivos específicos de conservação. Algumas técnicas de preservação digital podem incluir a criação de arquivos em formatos que são menos suscetíveis a obsolescência, ou o estabelecimento de repositórios digitais dedicados que assegurem a manutenção a longo prazo de coleções digitais importantes. Adicionalmente, tecnologias emergentes como a blockchain podem ser exploradas por sua capacidade de oferecer novas formas de manutenção da integridade e autenticidade dos registros digitais.

O campo da curadoria digital é intrinsecamente interdisciplinar, envolvendo conhecimentos de ciência da computação, arquivística, biblioteconomia, direito de propriedade intelectual e política digital. Profissionais desse campo frequentemente colaboram com programadores, pesquisadores acadêmicos, criadores de conteúdo e legisladores para desenvolver estratégias que atendam às necessidades tanto atuais quanto de longo prazo de preservação do conteúdo digital.

Eles estão na vanguarda de garantir que nossa herança digital não apenas sobreviva, mas também permaneça acessível e útil no contexto de tecnologias e paradigmas de informação em constante mudança.

A importância da curadoria digital é sublinhada pela crescente conscientização sobre o valor cultural, educacional e histórico do conteúdo digital. Nossa era digital é marcada por uma produção de conhecimento sem precedentes, e a capacidade de manter esse conhecimento disponível para o futuro se torna um serviço indispensável para o avanço humano. A posição do curador digital é, portanto, não apenas uma de técnico ou administrador de sistemas, mas também de guardião da memória coletiva digital.

Em um sentido mais prático, a curadoria digital inclui práticas como a conversão de formatos digitais para evitar a depreciação, a duplicação de conteúdos em diversos locais para proteção contra perdas acidentais e a aplicação de sistemas de gerenciamento de direitos digitais para manter o controle de como o conteúdo é utilizado e distribuído. Além disso, a criação de backups e o armazenamento adequado, tanto fisicamente quanto de maneira segura online, são aspectos críticos do processo.

Em um contexto educacional, a curadoria digital permite que as instituições ofereçam acesso a materiais didáticos ricos e diversificados, possibilitando uma experiência de aprendizado mais dinâmica e interativa. No setor de pesquisa, garante que os dados científicos sejam mantidos íntegros para análises futuras, permitindo a verificação de resultados e a construção contínua de conhecimento.

Para arquivos históricos e museus, a curadoria digital oferece uma maneira de disponibilizar coleções ao público em grande escala, transcendendo fronteiras físicas e tornando a educação e o conhecimento cultural disponíveis globalmente. Para empresas e entidades governamentais, assegura que registros importantes sejam mantidos de forma segura e acessível, seja para a prestação de contas ou para a continuidade das operações.

A curadoria digital é, portanto, uma atividade de vital importância que abrange o cuidado meticuloso e a gestão estratégica de ativos digitais, desde a fase de criação até o consumo e o armazenamento a longo prazo. A curadoria eficaz dessas informações não é apenas um imperativo técnico, mas uma responsabilidade cultural e histórica. Ela representa a salvaguarda vital da sabedoria coletiva, das descobertas científicas, dos avanços tecnológicos e das criações artísticas, tudo aquilo que, em conjunto, constitui a riqueza imaterial da humanidade.

No fundo, a curadoria digital é uma ponte entre o passado, o presente e o futuro, permitindo que conhecimentos, ideias e cultura sejam compartilhados não apenas em tempo real, mas preservados para que futuras gerações possam aprender, refletir e, possivelmente, inspirar-se.

É uma função que exige habilidades técnicas refinadas, mas também uma visão profunda do significado e do valor do conteúdo que está sendo conservado. Curadores digitais são, em certo sentido, os bibliotecários do presente digital, guardiões do conhecimento e facilitadores do acesso à informação em uma era em que a informação é tanto ubíqua quanto efêmera.

A prática da curadoria digital não é estática; ela evolui em resposta a mudanças tecnológicas rápidas e a um terreno jurídico complexo. Curadores são confrontados com dilemas éticos, tais como a decisão de quais dados pessoais armazenar para a posteridade e como equilibrar o direito à privacidade com o interesse público. Desafios técnicos, como o armazenamento de longo prazo de grandes volumes de dados e a preservação do acesso a softwares e plataformas que podem tornar-se obsoletos, exigem soluções inovadoras.

Os curadores também trabalham para desenvolver diretrizes e melhores práticas que orientem as organizações no processo de curadoria, desde a identificação e seleção de conteúdos digitais significativos até a aplicação de métodos de preservação e garantia da acessibilidade e usabilidade a longo pr azo. Isso reforça o papel central que têm na orientação estratégica para instituições que se dedicam a gerir patrimônios informacionais e culturais.

A curadoria digital, dessa maneira, não se conclui com o ato inicial de arquivamento ou o estabelecimento de padrões e protocolos; é uma prática contínua que implica revisão constante, reavaliação e, quando necessário, reestruturação baseada em desenvolvimentos emergentes no campo da tecnologia e nas mudanças das necessidades societais.

Ela envolve um compromisso com a evolução contínua do ambiente digital e a certeza de que, mesmo com a passagem do tempo e as mudanças na tecnologia, o acesso ao tesouro coletivo de conhecimento da humanidade persistirá.

Curadores digitais, portanto, são os arquitetos da memória digital, engajados não apenas na preservação do passado e na manutenção do presente, mas também na construção de um acesso sustentável ao futuro.

Através do seu trabalho meticuloso, eles se asseguram de que a sociedade possa continuar a edificar sobre as fundações do conhecimento já estabelecido e que o registro digital permaneça uma fonte de sabedoria e inspiração indefinidamente. É um papel vital, que requer visão, habilidade, criatividade e, acima de tudo, uma profunda compreensão da impermanência e da constante transformação do mundo digital.

3.1.1   Coleta de Dados.

A coleta de dados representa o alicerce fundamental em qualquer processo de curadoria de informações, seja no contexto científico, tecnológico ou mesmo histórico-cultural. Essa fase primordial deve ser guiada por princípios éticos e legais rigorosos, para garantir não apenas a confiabilidade das informações, mas também para assegurar o respeito aos direitos dos indivíduos ou entidades que fornecem os dados.

Para entender a importância da ética na coleta de dados, basta observar alguns dos escândalos históricos relacionados à privacidade e ao uso indevido de informações.

Por exemplo, o caso da empresa Cambridge Analytica, que em 2018 se viu no centro de um debate global após revelações de que havia coletado dados de milhões de usuários do Facebook sem consentimento adequado para fins de publicidade política.

Este episódio ressaltou a necessidade de legislações e regulamentos como o General Data Protection Regulation (GDPR) na União Europeia, que busca proteger os dados pessoais e a privacidade dos indivíduos.

Ademais, a pertinência dos dados coletados é uma consideração crucial. Deve-se evitar a coleta exacerbada e desnecessária, que poderia levar à sobrecarga de informações, também conhecida como "infoxication" ou intoxicação por informações.

Durante o Projeto Genoma Humano, iniciado nos anos 90, os pesquisadores ficaram confrontados com um volume gigantesco de dados. A seleção criteriosa de quais dados seriam realmente úteis para alcançar os objetivos do projeto foi vital. Dados irrelevantes poderiam ter desperdiçado recursos valiosos e desviado o foco dos cientistas.

A qualidade dos dados também é um ponto chave. Podemos tomar como exemplo a astronomia, onde a precisão dos dados coletados pode determinar o sucesso ou falha na identificação de novos corpos celestes ou na compreensão de fenômenos cósmicos. A utilização de telescópios de alta potência e tecnologia avançada como o Hubble permite aos astrônomos obterem dados de maior precisão e confiabilidade.

A proveniência dos dados, que corresponde à sua origem e histórico de manipulação e uso, igualmente assume um papel crucial. Conhecer a trajetória dos dados nos permite compreender o contexto em que foram coletados e como têm sido aplicados ao longo do tempo, fornecendo um panorama de sua validade e relevância.

A proveniência dos dados é especialmente importante em campos como a arqueologia e a história, onde a autenticidade e a cronologia dos artefatos são vitais para a compreensão de civilizações antigas. Um exemplo marcante diz respeito aos Manuscritos do Mar Morto, cuja descoberta no século XX despertou debates intensos sobre a origem e o significado histórico dos textos, influenciando até mesmo a compreensão do cristianismo primitivo.

Para além dos exemplos históricos, a documentação meticulosa da proveniência dos dados é essencial em muitas outras disciplinas. Na ciência forense, por exemplo, a cadeia de custódia de evidências é vital para assegurar que os dados (evidências) coletados na cena de um crime permaneçam íntegros e imunes a contaminação ou manipulação, mantendo sua validade ao longo do processo judicial.

A coleta de dados é um processo que requer atenção meticulosa aos detalhes, responsabilidade ética e legal, bem como uma sólida compreensão do valor e da aplicação dos dados em questão. Seja ajudando a formular teorias científicas ou a lançar luz sobre episódios históricos, a meticulosidade na coleta de dados define a qualidade da informação e do conhecimento que dela pode ser derivado. Nessa era de big data e informação digitalizada, tais práticas são ainda mais imperativas, visto que a quantidade de dados disponíveis cresce exponencialmente, levantando questões complexas sobre privacidade, segurança e ética na sua coleta e utilização.

3.1.2   Processamento e Análise.

O processamento e análise de dados são etapas cruciais que seguem a coleta de informações e são determinantes para a extração de conhecimento valioso e a tomada de decisões informadas.

A fase de processamento envolve diversas técnicas e procedimentos meticulosos que visam preparar os dados para análise. Esta preparação inclui a limpeza de dados, que é o processo de correção de erros, remoção de dados duplicados, tratamento de valores ausentes e verificação de consistência.

Uma vez que a fase de limpeza seja concluída, seguimos para a organização dos dados, que muitas vezes envolve a classificação e o agrupamento dos mesmos de forma lógica e sistemática. Esta etapa pode também incluir a transformação dos dados, com o intuito de convertê-los para formatos mais adequados à análise ou a aplicação de técnicas de redução de dimensionalidade, com o objetivo de simplificar os conjuntos de dados complexos mantendo as informações mais relevantes.

Depois de processados, os dados estão prontos para serem analisados. Utilizam-se métodos estatísticos, como análise descritiva, inferencial e modelos preditivos, bem como algoritmos de machine learning para desvendar padrões e tendências ocultos. Nestas análises, procuram-se correlações, testam-se hipóteses e, eventualmente, constroem-se modelos explicativos ou preditivos que possam ser aplicados para compreender fenômenos complexos ou para prever eventos e comportamentos futuros.

A análise de dados tem um papel crucial em diversas esferas, desde o planejamento urbano até a saúde pública. Por exemplo, historicamente, a análise de dados foi decisiva na compreensão da disseminação de doenças infecciosas, como foi o caso do médico John Snow que, em 1854, utilizou um mapa pontilhado para identificar a fonte de um surto de cólera em Londres.

No mundo dos negócios, a gigante do varejo Walmart utiliza os insights gerados pela análise de grandes volumes de dados de vendas para otimizar a gestão de estoque e a experiência de compra dos clientes. Por exemplo, analisando as variações de compras em diferentes épocas do ano, a empresa pode prever a demanda por produtos específicos e planejar melhor suas compras e estoque, minimizando perdas e aumentando a satisfação do consumidor.

Outro exemplo é a otimização da logística, onde a análise de dados de tráfego, condições meteorológicas e padrões de consumo pode melhorar a eficiência das rotas de entrega e os prazos de envio.

Além do setor empresarial, a análise de dados tem um papel transformador em áreas como a pesquisa científica, onde grandes conjuntos de dados são analisados para produzir descobertas em campos como genética, astronomia e física quântica.

Na genética, por exemplo, a análise de dados de sequenciamento genômico permite a identificação de genes associados a determinadas doenças, podendo levar ao desenvolvimento de tratamentos personalizados.

Na gestão pública, a análise de dados é igualmente valiosa. Governos ao redor do mundo usam a análise de dados para melhorar serviços públicos, alocar recursos de maneira eficiente e formular políticas baseadas em evidências. Durante uma crise, por exemplo, a análise de dados pode ser crucial para identificar rapidamente áreas que necessitam de atenção urgente, permitindo uma resposta mais eficaz por parte das autoridades.

A fase de processamento e análise de dados é apenas o começo do ciclo de geração de insights que podem influenciar e melhorar todos os aspectos da sociedade moderna. Desde decisões empresariais até políticas públicas e avanços científicos, os dados são a chave para a compreensão e o progresso. Porém, é essencial lembrar que todas estas etapas devem ser conduzidas com rigor ético, garantindo a privacidade e segurança das informações e, acima de tudo, o respeito aos indivíduos a quem os dados se referem.

3.1.3 Armazenamento.

O armazenamento de dados é um dos pilares essenciais na curadoria de informações, requerendo não apenas a preservação física e digital dos dados, mas também a sua organização estratégica e segura. Ao longo da história, observamos várias técnicas de armazenamento de informações, desde tabuinhas de argila e papiros até modernos data centers. A evolução dos métodos de armazenamento reflete os desafios e soluções encontrados em cada era para a manutenção da integridade dos dados.

Na época antiga, bibliotecas como a de Alexandria serviam como repositórios do saber humano. No entanto, com a destruição dessas bibliotecas, muitas vezes causada por incêndios ou saques, vimos o quanto é crucial proteger os dados contra perdas catastróficas. Este tipo de perda não apenas eliminava o conhecimento acumulado, mas também toda a possibilidade de avanço que poderia advir do seu estudo.

Com a invenção da imprensa por Gutenberg no século XV, multiplicou-se a capacidade de armazenamento de dados através da disseminação de livros impressos. Isso representou uma inovação significativa na preservação do conhecimento. Entretanto, foi com o advento da tecnologia digital que questões de armazenamento, segurança da informação e obsolescência tecnológica ganharam contornos mais complexos.

A segurança dos dados digitais envolve proteger os mesmos de acessos indevidos, o que é um desafio constante. Por exemplo, os ataques cibernéticos a grandes empresas na história recente ressaltaram a importância de criptografia robusta e outros métodos de segurança cibernética.

Além disso, existem as ameaças de perda ou corrupção de dados devido a falhas de hardware, software ou desastres naturais. Por isso, estratégias como a redundância — armazenar os mesmos dados em locais múltiplos — e a realização de backups regulares são cruciais.

Quando se trata de armazenar dados a longo prazo, é preciso ter cautela especial com a obsolescência tecnológica. A história está repleta de exemplos nos quais formatos de arquivo ou suportes de armazenamento se tornaram obsoletos, tornando a informação inacessível.

O florescimento das fitas magnéticas no século XX é um exemplo palpável; muitos dados gravados em fitas de décadas passadas são agora ilegíveis, não por deterioração física, mas pela escassez de leitores compatíveis ou pela degradação dos dados magnéticos, fenômeno conhecido como "decaimento magnético".

É, portanto, imperativo escolher formatos de arquivo e sistemas de armazenamento que possuam uma expectativa de longevidade e que estejam em conformidade com padrões abertos, para evitar dependências de softwares proprietários que podem não existir no futuro. Formatos como o PDF/A para documentos e o TIFF para imagens são exemplos de padrões que foram criados com a preservação digital em mente.

Aspectos como a meta-informação associada aos arquivos de dados também se tornam fundamentais para a preservação digital. A inclusão meticulosa de metadados que descrevem o conteúdo, contexto, estrutura e forma dos dados armazenados auxiliam na manutenção da compreensibilidade e da aplicabilidade desses dados ao longo do tempo.

Também é digna de nota a crescente tendência do armazenamento em nuvem, que, ao distribuir os dados através de uma rede de servidores remotos, protege contra perdas por falhas físicas locais e facilita o compartilhamento e a colaboração. Serviços como Amazon Web Services, Microsoft Azure e Google Cloud Platform representam essa nova era, onde a responsabilidade pelo armazenamento seguro e pela manutenção da integridade dos dados está cada vez mais nas mãos de grandes empresas de tecnologia.

Todavia, o armazenamento em nuvem também traz suas próprias questões, como a governança de dados e a soberania de dados, onde os dados armazenados podem estar sujeitos às leis e regulamentações do país em que o servidor está fisicamente localizado.

O armazenamento adequado de dados é, assim, uma combinação de práticas antigas e novas, unindo o resguardo físico e digital à gestão moderna de dados, considerando sempre a transição entre formatos e plataformas ao longo do tempo.

O sucesso nessa empreitada não apenas permite a preservação do legado de informações, mas também assegura que o conhecimento possa ser passado adiante, permitindo futuras iterações de avanços científicos, culturais e tecnológicos.

Com efeito, é uma tarefa que demanda constante atenção ao desenvolvimento tecnológico, além de um planejamento proativo para garantir que os tesouros de informações que temos hoje não se tornem indecifráveis para as gerações futuras.so ter cautela especial com a obsolescência tecnológica. A história está

3.1.4 Preservação.

A preservação de dados é uma componente crítica da curadoria de informações, assegurando que o legado digital e as valiosas informações acumuladas permaneçam acessíveis e íntegras para uso futuro. Tais práticas requerem uma visão estratégica para a manutenção da qualidade e acessibilidade dos dados ao longo do tempo, o que inclui a confrontação e superação de desafios tecnológicos, bem como a implementação de políticas de gestão de dados.

Os métodos históricos de preservação da informação demonstram a grande importância de tais estratégias. Por exemplo, na Mesopotâmia antiga, os escribas utilizavam placas de argila para inscrever registros, que eram depois cozidos em fornos tornando-se quase imperecíveis, salvaguardando assim a informação para as gerações futuras. Essa estratégia primitiva de preservação ainda resulta em descobertas arqueológicas que nos permitem desvendar o conhecimento acumulado há milênios.

No entanto, com a digitalização da informação, novas estratégias de preservação tornaram-se necessárias. A migração de dados é uma delas, consistindo na transferência de informação de sistemas de armazenamento antigos para novos sistemas para evitar a obsolescência.

Um paralelo histórico seria a tradução de textos antigos de um idioma ou script que poucos podem ler ou entender para um mais contemporâneo e acessível, como foi o caso da tradução dos hieróglifos egípcios após a descoberta da Pedra de Roseta.

Atualizar formatos de arquivo para padrões mais recentes é outra prática chave da preservação de dados. Isso poderia ser comparado ao trabalho de restauração de documentos e obras de arte antigas, onde especialistas trabalham para garantir que os materiais continuem legíveis e intactos, utilizando técnicas que também evolvem com o tempo.

A criação de cópias de segurança (backups) é uma peça fundamental nesse processo. Eclesiastes 4:12 diz que "um cordão de três dobras não se rompe facilmente". Essa sabedoria antiga é paralela à prática contemporânea de manter múltiplas cópias de reserva para proteger os dados contra perda ou destruição.

Essa técnica é uma extensão do conceito de redundância de dados, assegurando que, no caso de um incidente com uma cópia dos dados, outras cópias estarão disponíveis para restauração. Esta abordagem remonta a antigas práticas de preservação, como a duplicação de manuscritos por monges medievais, que garantiam a perpetuação do conhecimento através de múltiplas transcrições manuais.

Além disso, a preservação digital moderna exige consideração de metadados detalhados, garantindo a continuidade do contexto e da compreensibilidade dos dados. Metadados são informação sobre a informação e podem incluir detalhes sobre quando, por quem e com que propósito os dados foram coletados. O conceito é semelhante ao colofão encontrado em livros impressos antigos, que muitas vezes incluía informações sobre a impressão e publicação do livro.

A estratégia de conservação digital também deve considerar os depósitos digitais confiáveis, conhecidos como repositórios digitais preservacionistas. Estes repositórios asseguram não apenas a segurança física dos dados, mas também sua gestão e preservação a longo prazo.

Instituições como a Biblioteca do Congresso dos EUA exemplificam essa prática com a criação do National Digital Information Infrastructure and Preservation Program (NDIIPP), que trabalha para desenvolver uma estratégia nacional para coletar, preservar e tornar acessível o patrimônio digital significativo.

Práticas de preservação também incluem a formação e capacitação de profissionais dedicados à gestão de dados. Assim como na era medieval os copistas e bibliotecários desempenhavam um papel essencial na preservação do conhecimento, na era digital, bibliotecários de dados, curadores e gestores de TI tornam-se guardiões essenciais do conhecimento acumulado.

A longevidade dos dados no contexto digital exige uma abordagem proativa e atualizada. Isso implica uma percepção clara dos riscos de degradação, da iminência da obsolescência tecnológica e dos perigos advindos de desastres naturais ou falhas técnicas. Cada etapa do processo, desde a seleção de hardware e software de armazenamento até a implementação de procedimentos de backup e migração, desempenha uma função crucial na salvaguarda dos dados.

Um exemplo histórico marcante de preservação de informação é o de Qumran, onde os Manuscritos do Mar Morto foram encontrados preservados em cavernas. Esses textos que datam de dois mil anos atrás requeriam um ambiente especial - escuro, seco e livre de mudanças de temperatura - para sobreviver através dos séculos. Este é um testemunho físico da necessidade de condições apropriadas para a preservação de dados.

No ambiente digital atual, a preservação de dados toma formas como o uso de data centers com sistemas de climatização e controle de umidade, estratégias para prevenção de falhas de hardware, como RAID (Redundant Array of Independent Disks), estruturas de backup regulares e planejamento de recuperação de desastres. Estes procedimentos são essenciais para enfrentar ameaças como ataques cibernéticos, que poderiam resultar na perda irrecuperável de informações críticas.

A escolha e formatos de armazenamento digitais também é de suma importância. Assim como a preservação de filmes tem sido desafiada pela mudança de formatos - de rolos de filme a fitas magnéticas e, finalmente, a arquivos digitais - a preservação de dados digitais enfrenta desafios semelhantes. A prática de atualizar regularmente os formatos de arquivo para os padrões mais recentes é uma medida preventiva contra a obsolescência.

Instituições como a Biblioteca Digital Mundial se esforçam para manter a compatibilidade com tecnologias emergentes, enquanto preservam vastos volumes de conteúdo cultural e histórico.

Em um contexto mais amplo, as organizações precisam considerar como as práticas de preservação de dados se alinham com as regulamentações de dados e de privacidade, como o Regulamento Geral de Proteção de Dados (RGPD) da União Europeia, que impõe exigências rigorosas sobre como os dados pessoais devem ser tratados e protegidos.

Isso inclui garantir que os dados não sejam apenas preservados, mas também que sejam processados e armazenados de maneiras que protejam a privacidade do indivíduo. A adesão a esses regulamentos frequentemente requer uma estrutura de governança de dados robusta, políticas claras de retenção de dados e processos meticulosos de auditoria e conformidade.

Além disso, na era do Big Data, com o crescimento explosivo dos volumes de informações, as estratégias de preservação precisam escalar de maneira eficaz. Tecnologias de armazenamento em massa como o armazenamento orientado a objeto e o armazenamento em nuvem estão se tornando cada vez mais prevalentes, pois oferecem a elasticidade e a escalabilidade necessárias para lidar com grandes conjuntos de dados.

A questão da sustentabilidade também não pode ser negligenciada. À medida que os centros de dados se expandem para acomodar quantidades cada vez maiores de informação, eles se tornam grandes consumidores de energia. Portanto, práticas de preservação de dados agora também devem considerar o impacto ambiental, incentivando o uso de energia renovável e a eficiência energética em instalações de data center.

A preservação de dados hoje encara problemas mais complexos do que simplesmente manter os dados seguros e acessíveis. Ela lida com o desafio de manter relevância em um mundo tecnologicamente fluído, assegurando conformidade regulatória e ética, enquanto minimiza impactos ambientais. As estratégias de preservação devem ser abrangentes, dinâmicas e adaptáveis, preparadas para os desafios presentes e futuros para proteger o patrimônio informativo valioso que molda nossa sociedade e conhecimento.

3.1.5   Metadata e Documentação.

A curadoria de dados abrange muito mais do que apenas o armazenamento e a preservação de dados; ela requer também a inclusão cuidadosa de metadados e documentação apropriada, que são essenciais para assegurar que os dados sejam não só mantidos, mas também úteis e acessíveis no longo prazo.

Metadados são essencialmente dados sobre dados. Eles descrevem vários aspectos de um conjunto de dados, como a origem, a finalidade, o tempo de criação, o criador, a localização, a forma de compilação, as modificações feitas, as restrições de uso e outros parâmetros que podem ser cruciais para a compreensão e o uso efetivo dos dados.

Importância dos Metadados e Documentação:

1. Contextualização. Metadados fornecem informações que ajudam a situar os dados num contexto mais amplo, facilitando sua compreensão e avaliação. Por exemplo, se os dados dizem respeito a medições climáticas, os metadados podem incluir a localização e o período de tempo exatos durante os quais as medições foram realizadas, bem como os instrumentos utilizados.

2. Proveniência. A origem dos dados é vital para avaliar sua confiabilidade e veracidade. Documentação sobre quem coletou os dados, como eles foram coletados e se houve alguma seleção ou filtro aplicado durante a coletação é crucial para a análise subsequente.

3. Estrutura. Um bom sistema de metadados descreverá como os dados estão formatados e estruturados, o que é fundamental para qualquer pessoa que esteja tentando utilizar os dados no futuro, seja para replicar uma pesquisa, seja para continuar uma série de estudos.

4. Interoperabilidade. A padronização dos metadados garante que os dados possam ser facilmente compartilhados e integrados com outros conjuntos de dados, facilitando a colaboração e a comparação entre estudos e pesquisas.

5. Rastreabilidade e Reutilização. Metadados completos permitem que futuros pesquisadores trilhem o caminho tomado na coleção ou geração dos dados originais, permitindo a reutilização em novos contextos de pesquisa sem duplicar esforços. Eles garantem a rastreabilidade tanto para quem criou o conjunto de dados quanto para terceiros que possam utilizá-los, proporcionando uma visão clara do histórico e das condições sob as quais os dados foram produzidos.

6. Cumprimento de Normas e Regulação. Em muitos campos, existem padrões e requisitos regulatórios específicos que governam como os dados devem ser documentados e descritos (por exemplo, a Norma ISO 25964 para a interoperabilidade entre vocabulários controlados). Metadados adequados garantem que os conjuntos de dados estejam em conformidade com esses padrões e normas, o que é particularmente importante para dados que se enquadram sob regulamentações de privacidade e proteção de dados, como o RGPD na União Europeia.

Implementação de Metadados e Documentação:

1. Esquemas de Metadados. A escolha de um esquema de metadados apropriado depende das necessidades específicas de cada conjunto de dados. Esquemas comuns incluem Dublin Core, METS, MODS, entre outros, cada um adequado para diferentes tipos de informações e usos.

2. Ferramentas e Plataformas. Existem diversas ferramentas e plataformas que facilitam a criação e gestão de metadados, como softwares de gestão de dados eletrônicos (EDM) ou sistemas de gerenciamento de informação de laboratório (LIMS).

3. Documentação Complementar. Além dos metadados, a documentação adicional, como manuais de utilizador, relatórios técnicos e diários de bordo, pode prover explicações e notas detalhadas que enriquecem o entendimento dos dados.

4. Educação e Treinamento. O treinamento adequado de profissionais envolvidos na criação e manutenção de metadados é crucial para a integridade e utilidade dos conjuntos de dados. Isso engloba entender a importância dos metadados e saber como implementá-los eficazmente.

A riqueza de metadados e a qualidade da documentação determinam o grau em que dados podem de fato ser denominados como "ativos" de uma organização, contribuindo para a realização de pesquisas significativas, a tomada de decisões baseadas em evidências, e uma ampla gama de aplicações práticas em campos diversos como saúde, educação, ciência ambiental e muitos outros.

A criação e manutenção desses metadados e documentações exigem um esforço colaborativo e multidisciplinar, envolvendo desde profissionais da informação, como bibliotecários de dados e curadores digitais, até pesquisadores e tecnologistas da informação. A melhor prática sugere um envolvimento de todas as partes interessadas no ciclo de vida dos dados, desde a coleta inicial até o arquivamento e reutilização, para que todas as perspectivas e requisitos sejam levados em conta e refletidos nos metadados e documentação.

Com a evolução contínua da tecnologia e das práticas de curadoria, a importância dos metadados e da documentação só tende a crescer. Ao garantir que os dados sejam acompanhados por metadados e documentação ricos e acessíveis, as organizações podem maximizar o valor a longo prazo de seus ativos de dados e assegurar que o conhecimento que eles representam possa ser transmitido e aproveitado por gerações futuras.

3.1.6 Acesso e Compartilhamento.

No mundo cada vez mais conectado em que vivemos, a importância da curadoria de dados torna-se evidente, tanto no que diz respeito à segurança e privacidade quanto ao acesso e compartilhamento. Enquanto a segurança e a privacidade são essenciais para proteger informações sensíveis, a curadoria de dados também tem como objetivo facilitar o acesso e compartilhamento de dados de forma controlada e eficiente.

No contexto da curadoria de dados, é fundamental criar políticas claras que definam quem pode acessar os dados e sob quais condições. Essas políticas devem levar em consideração tanto a proteção dos dados quanto a necessidade de acesso para finalidades legítimas.

Por exemplo, um banco de dados que contém informações pessoais dos clientes deve ser restrito apenas aos funcionários autorizados, garantindo assim a privacidade dos indivíduos e reduzindo o risco de vazamento de informações confidenciais.

Além disso, a implementação de sistemas que tornem os dados facilmente acessíveis para os usuários autorizados também é uma parte essencial da curadoria de dados. Isso pode ser feito por meio de ferramentas de gerenciamento de acesso, como sistemas de autenticação e autorização, que garantem que apenas pessoas autorizadas possam acessar os dados. Por exemplo, um sistema bancário pode exigir a autenticação por meio de senha e verificação em duas etapas para garantir que apenas os clientes legítimos tenham acesso às suas informações financeiras.

Ao longo da história, podemos encontrar exemplos de como o acesso e compartilhamento de dados bem curados foram fundamentais para avanços significativos em várias áreas. Por exemplo, na área da pesquisa médica, a compartilhamento de dados genéticos entre cientistas e pesquisadores tem sido crucial para a descoberta de novas terapias e o avanço no tratamento de doenças.

O Projeto Genoma Humano é um exemplo notável, no qual um grande volume de dados genéticos foi compartilhado e analisado por diferentes equipes de pesquisa, resultando em avanços importantes no entendimento da nossa composição genética e no desenvolvimento de tratamentos personalizados.

Outro exemplo histórico relevante é o compartilhamento de informações entre cientistas durante a corrida espacial entre os Estados Unidos e a União Soviética. A troca de dados e conhecimentos permitiu avanços significativos na exploração do espaço, culminando, por exemplo, na chegada do homem à lua em 1969.

Além disso, a curadoria de dados também desempenha um papel importante na colaboração internacional e no compartilhamento de informações estratégicas. Um exemplo marcante é o desenvolvimento do World Wide Web Consortium (W3C), que estabelece padrões e diretrizes para a web, permitindo o acesso e compartilhamento de informações de forma padronizada e global. Essa padronização contribuiu para a acessibilidade e interoperabilidade da web, facilitando a troca de dados e informações entre diferentes países e organizações.

No entanto, é importante ressaltar que a curadoria de dados deve ser realizada de forma ética e responsável. Isso envolve a proteção da privacidade dos indivíduos, o cumprimento das regulamentações de proteção de dados e a transparência na coleta, uso e compartilhamento de informações. Medidas de segurança, como a criptografia, também devem ser implementadas para garantir a proteção dos dados durante o armazenamento e a transmissão.

A curadoria de dados desempenha um papel fundamental tanto na segurança e privacidade quanto no acesso e compartilhamento de informações. Para isso, é necessário estabelecer políticas claras, implementar sistemas de gerenciamento de acesso e promover a colaboração e o compartilhamento responsável entre indivíduos, organizações e países. Somente através de uma curadoria adequada dos dados poderemos aproveitar todo o potencial das informações, impulsionando avanços científicos, tecnológicos e sociais.

3.1.7 Políticas Éticas e Legais.

A curadoria de dados está intrinsecamente ligada a políticas éticas e legais que asseguram a proteção da privacidade e dos direitos relacionados aos dados. A implementação de medidas de segurança para garantir a privacidade dos dados pessoais e sensíveis é uma preocupação fundamental nesse contexto.

Um exemplo importante de regulamentação é o Regulamento Geral sobre a Proteção de Dados (GDPR) da União Europeia, que estabelece diretrizes e requisitos para o tratamento de dados pessoais. O GDPR define os direitos dos indivíduos em relação aos seus dados, como o direito de acesso, retificação, exclusão e portabilidade, bem como a obrigação das organizações de solicitar consentimento explícito antes de coletar e processar dados pessoais.

Além disso, existem regras específicas para o tratamento de dados sensíveis, como informações sobre saúde, orientação sexual, filiação sindical, entre outros. Esses dados requerem um nível ainda mais elevado de proteção, e as organizações devem cumprir requisitos específicos para sua coleta e processamento.

Outro aspecto importante é o respeito aos direitos intelectuais no contexto da curadoria de dados. Isso envolve garantir que o compartilhamento de dados seja realizado de maneira legal e respeitando os direitos de propriedade intelectual dos criadores ou detentores desses dados. Por exemplo, se um pesquisador deseja compartilhar um conjunto de dados coletado por outra pessoa ou organização, ele deve obter permissão adequada e respeitar os termos de uso ou licença associados aos dados.

A importância da ética na curadoria de dados vai além das obrigações legais. É fundamental considerar as implicações éticas do uso e compartilhamento de dados, especialmente quando se trata de dados sensíveis ou com potencial impacto sobre os indivíduos. A curadoria de dados ética envolve minimizar os riscos de discriminação, viés ou prejuízo para os indivíduos envolvidos nos dados.

Um exemplo histórico que destaca a importância das políticas éticas e legais na curadoria de dados é o caso da Cambridge Analytica. Em 2018, ficou conhecido o escândalo envolvendo a empresa de consultoria política e seus métodos controversos de coleta e uso de dados pessoais de milhões de usuários do Facebook, sem o devido consentimento. Esse incidente evidenciou a necessidade de regulamentações mais rígidas e a implementação de políticas robustas para proteção de dados, a fim de prevenir abusos e violações de privacidade.

Através de políticas éticas e legais, é possível estabelecer diretrizes claras para a curadoria de dados, garantindo transparência, responsabilidade e respeito pelos direitos e privacidade dos indivíduos. O cumprimento dessas políticas resulta em um ambiente mais seguro e confiável para o acesso e compartilhamento de informações, promovendo a confiança entre as partes envolvidas.

Assim, a curadoria de dados não se limita apenas à segurança e privacidade, mas também abrange questões éticas e legais que são essenciais para o tratamento adequado das informações.

A conformidade com regulamentações, como o GDPR, e o respeito aos direitos dos indivíduos são elementos-chave para uma curadoria efetiva e responsável, que beneficia tanto os usuários quanto as organizações envolvidas.

3.1.8 Gestão de Ciclo de Vida.

A curadoria de dados lida com o ciclo de vida completo dos dados, de criação e coleta à preservação e eventual descarte, quando apropriado. Administrar esse ciclo demanda um planejamento contínuo e a revisão periódica das práticas de curadoria em função de mudanças tecnológicas, organizacionais e legais.

Os curadores de dados são os responsáveis por este processo meticuloso, operando frequentemente em ambientes acadêmicos, empresariais ou governamentais onde a pesquisa e a análise de dados são fundamentais.

Eles atuam como guardiões dos dados, certificando-se de que cada bit de informação recoletado não seja apenas conservado com integridade, mas também valorizado como um potencial gerador de novos conhecimentos e descobertas. Para isso, é necessário não apenas competência técnica, mas também um entendimento profundo das áreas de conhecimento que os dados representam.

No contexto acadêmico, por exemplo, a curadoria de dados é vital para a transparência e replicabilidade da pesquisa científica. A capacidade de outros pesquisadores acessarem e usarem dados curados é fundamental para validar experimentos e estudar novas questões sem a necessidade de coletar novos dados. Ademais, a curadoria de dados é um mecanismo chave para sustentar a integridade da pesquisa ao longo do tempo, garantindo que descobertas científicas possam ser confiáveis e autênticas.

Nas empresas, os dados curados podem impulsionar decisões estratégicas, identificar oportunidades de mercado e otimizar operações. Com a crescente importância da análise de dados e da inteligência de negócios, a curadoria de dados tornou-se um recurso estratégico, ajudando empresas a capitalizar em sua propriedade de dados e utilizar eficientemente essa riqueza de informações para obter vantagens competitivas.

No setor público, a curadoria de dados é fundamental para fornecer transparência e accountability. Aqui, os dados curados podem facilitar o engajamento cívico ao melhorar o acesso e compreensão das ações governamentais, bem como apoiar políticas públicas baseadas em evidências, ao oferecer acessos a conjuntos de dados detalhados e confiáveis sobre questões sociais, econômicas e ambientais.

A prática da curadoria de dados segue evoluindo com o avanço de novas tecnologias, como o aprendizado de máquina e a inteligência artificial, que também podem ser aproveitados para melhorar a automatização e o aprimoramento do processo de curadoria. Estas tecnologias têm o potencial de transformar a forma como gerenciamos e cuidamos de grandes conjuntos de dados, permitindo a curadoria em larga escala, com maior precisão e eficiência.

A curadoria de dados representa, assim, um campo vital e cada vez mais essencial na era digital. Com o crescimento exponencial do volume de dados disponíveis e a crescente demanda por dados de alta qualidade para suportar a tomada de decisões informada, os desafios e as oportunidades neste domínio estão só aumentando.

Nesse contexto, curadores de dados qualificados e sistemas de curadoria sofisticados emergem como peças fundamentais na transformação de dados brutos em ativos que sustentam avanços científicos, inovações tecnológicas, crescimento empresarial e governança eficaz.

3.2   Administração de dados.

A administração de dados é uma função fundamental na governança da informação, essencial para suportar as operações, a estratégia e a tomada de decisão das organizações modernas. Esta área da gestão de informação lida com o desenvolvimento e a execução de arquiteturas, políticas, práticas e procedimentos que gerenciam adequadamente o ciclo de vida completo dos dados. A administração de dados é crucial para assegurar que os dados, um ativo cada vez mais valioso, sejam precisos, disponíveis, seguros e utilizáveis.

Em um universo onde o volume, a velocidade e a variedade dos dados aumentam a um ritmo sem precedentes, a administração de dados enfrenta desafios complexos e em constante evolução. Contudo, sua importância vem crescendo tanto quanto a consciência sobre o potencial dos dados para impulsionar inovações, a eficiência operacional e a vantagem competitiva de uma organização.

O papel do administrador de dados, muitas vezes confundido com o de um gestor de banco de dados tradicional, vai muito além do gerenciamento de sistemas de banco de dados isolados. Ele compreende uma visão holística de como os dados fluem através da organização, a segurança dos mesmos e como são integrados nas várias aplicações e processos de negócios. Tal visão inclui a definição e otimização de modelos de dados, a gestão da qualidade dos dados, a criação de diretrizes para o uso e a distribuição dos dados, e a proteção contra acessos não autorizados e perdas de dados.

Os administradores de dados devem estar bem versados nas melhores práticas de modelagem de dados e em princípios arquitetônicos, incluindo a aplicação de metodologias de Data Warehousing, Data Lake e Base de Dados NoSQL, dependendo das necessidades da organização. Eles entendem a importância de criar e sustentar uma arquitetura de informação eficiente que possa escalar e adaptar-se às mudanças tecnológicas e às novas estratégias de negócios.

Em termos de modelagem, eles garantem que os modelos de dados refletem as necessidades do negócio, servindo como a espinha dorsal para operações e análises. Garantir que esses modelos sejam flexíveis e ao mesmo tempo robustos para suportar a crescente demanda por insights mais profundos e a tomada de decisões baseada em dados é um desafio crucial para estes profissionais.

Eles colaboram estreitamente com analistas de negócio e stakeholders para garantir que os modelos de dados promovam uma visão integrada das informações, permitindo análises transversais que alimentem os diferentes níveis de gestão com informações valiosas.

Esta administração inclui também a formulação e a supervisão de políticas que regem a integridade dos dados, a normalização, a qualidade e o ciclo de vida dos dados, incluindo a retenção e a eliminação. Administradores de dados eficazes entendem que os dados devem ser tratados como um ativo corporativo que requer um planejamento para seu uso eficiente e para a mitigação de riscos relacionados à privacidade, à segurança da informação e à conformidade legal.

A segurança dos dados é outra área de atenção crítica para a administração de dados, envolvendo o desenvolvimento de estratégias para proteger os dados contra acesso e manipulação indevida. Disponibilidade não significa apenas que os dados estão acessíveis quando necessário; significa também que estão protegidos contra ameaças internas e externas. A criação de protocolos fortes de criptografia, de autenticação e de controle de acesso é parte integrante das responsabilidades do administrador de dados.

Além disso, a administração de dados não se limita ao manuseio técnico dos dados. Ela envolve a comunicação com as diferentes partes da organização para entender suas necessidades e alinhar os recursos de dados conforme necessário. Um forte administrador de dados tem habilidades interpessoais para traduzir questões técnicas em linguagem de negócios, facilitando a compreensão entre áreas técnicas e não técnicas da empresa.

Os desafios da administração de dados também incluem a adaptação a novas regulamentações, como o Regulamento Geral de Proteção de Dados (GDPR) da União Europeia, ou a Lei Geral de Proteção de Dados (LGPD) no Brasil, que impõem requisitos rigorosos sobre como os dados pessoais são coletados, armazenados, processados e compartilhados.

Administradores de dados, portanto, devem estar sempre atualizados com as tendências regulatórias e capazes de implementar práticas necessárias para manter a conformidade. Eles atuam como intermediários entre o campo técnico e o legal, assegurando que toda a gestão de dados esteja em estrita aderência com os parâmetros legais em vigor.

Estratégias robustas de backup e recuperação são outras peças vitais do quebra-cabeça da administração de dados. Os dados precisam ser protegidos contra perdas causadas por falhas de hardware, desastres naturais ou ataques cibernéticos.

Administradores de dados eficazes estabelecem procedimentos abrangentes de backup e testam regularmente planos de recuperação de desastres para garantir que os dados essenciais da organização possam ser recuperados com sucesso após um evento inesperado.

Com o advento de tecnologias como Big Data, Inteligência Artificial e aprendizado de máquina, a administração de dados requer uma contínua atualização de conhecimentos e habilidades. Profissionais da área precisam estar preparados para integrar novas fontes de dados estruturados e não estruturados, interpretar grandes volumes de informações e ajudar a direcionar a implementação de análises preditivas que podem impulsionar ainda mais o crescimento e a inovação das organizações.

Com a transformação digital em curso, as organizações reconhecem cada vez mais a importância da cultura orientada por dados. Assim, os administradores de dados são frequentemente chamados para promover essa cultura, educando e capacitando funcionários sobre a importância dos dados e como utilizá-los eficazmente para impulsionar resultados de negócios.

A administração de dados é uma disciplina multifacetada que engloba a coleta, a manutenção e a proteção de dados. É uma fusão da ciência da computação com a gestão estratégica, direito e comunicações.

A modelagem lógica, semântica ou ontológica dos dados é parte do gerenciamento de informação e é uma responsabilidade em tempo integral daqueles envolvidos no desenvolvimento e manutenção de um modelo. Além disto existe a preocupação com a eficiência de outras funções tais como desenvolvimento das definições dos elementos de dados e gerenciamento dos modelos e itens associados no repositório de metadados.

Por que estudar a administração de dados?

Administração de dados é a função na área da engenharia de software e da ciência da computação responsável por planejar, desenvolver e administrar de modo centralizado as estratégias, procedimentos e práticas do processo de gerenciamento dos recursos de dados e aplicativos, incluindo planos para sua definição, padronização, organização, proteção e utilização.

Se você é um profissional de TI que lida, seja em que modo for, com bases de dados, de pequenas a enormes, você precisa saber administrar estes dados.

A partir dessas premissas podemos assumir que a Administração de Dados desempenha papéis relevantes nas organizações, dos quais podemos destacar como principais: planejar, documentar, gerenciar e integrar os recursos de metadados e metainformação corporativos e setoriais.

O trabalho conjunto do analista de administração de dados – AD - e do administrador de banco de dados - DBA, aplicado aos sistemas de informação da organização, tem potencial de gerar uma base informacional corporativa eficiente, estável e confiável.

Como conceito inicial pode-se considerar que a Administração de Dados é a função responsável por desenvolver e administrar centralizadamente as estratégias, procedimentos e práticas para o processo de gerência dos recursos de metadados e metainformação, incluindo planos, padronização, proteção e utilização.

Tem como missão o planejamento, a documentação e o gerenciamento dos dados a partir da perspectiva de seus significados e valores para a organização. A Administração de Dados gerencia o acervo informacional da organização como recursos de uso comum, promovendo-lhes os valores de autenticidade, autoridade, acurácia, acessibilidade, seguridade e inteligibilidade.

Sua missão é:

Manter atualizados os modelos de gestão de dados corporativos e integrar as percepções setoriais de modo a que os modelos se mantenham consistentes entre si, estejam de acordo com as regras de gestão vigentes e afinadas com a estratégia adotada pela organização

Essa missão deve ser desempenhada com o máximo de independência da tecnologia utilizada ou a utilizar. E deve ter como diretriz maior:

Garantir a qualidade da informação, considerada na respectiva cadeia de valor interna, bem como participar na avaliação de soluções tecnológicas que afetam a produção e utilização de informação.

A Administração de Dados é tão importante quanto seus componentes:

1. Modelagem de dados.

2. Planejamento do modelo de dados.,

3. Análise temática e corporativa.

4. Interseção entre modelos.

Estes componentes representam trabalhos relativamente complexos na engenharia de software e apenas nas últimas décadas as organizações e os analistas desenvolvedores passaram a considerar seriamente o gerenciamento lógico e o controle da informação como um recurso corporativo.

A particularização do trabalho da Administração de Dados, no contexto da gestão de sistemas de informação, é outro desafio nas organizações pois é necessário que os administradores de dados tenham uma compreensão concreta, correta e completa do negócio do setor analisado e da organização, incorporando a usabilidade do modelo e aspectos técnicos da plataforma de recuperação de dados da organização.

O administrador de banco de dados, os analistas e programadores podem ser facilmente transferidos de uma organização para outra sem maiores impactos na utilização do conhecimento do profissional com necessidades mínimas de ajustes em relação à cultura da nova organização pois o conhecimento tecnológico permanece constante.

O analista que exerce a função de administrado de dados, em situação diametralmente oposta, tem muito a aprender em uma organização nova para ser realmente efetivo. O gerenciamento da informação e o desenho dos dados requerem uma compreensão clara das metas, objetivos e táticas da organização e do segmento econômico em que está inserido, tais como varejo, bancário, atacado, arte, turismo, governo etc.

Um dos papéis corporativos mais relevante da administração de dados é incentivar o planejamento e coordenação dos recursos de informação entre aplicações relacionadas e as áreas de negócio. Desse modo, a quantidade de dados compartilhados pode ser maximizada e a redundância de dados pode ser minimizada.

Os analistas administradores de dados podem ainda, através de técnicas de modelagem lógica de dados, auxiliar o compartilhamento e manutenção da consistência dos dados através das aplicações. Esta cenário pode ser possível através de uma combinação de metodologias e técnicas apropriadas, uso adequado das ferramentas de administração de dados e ferramentas *case*.

Dentre as dificuldades para a utilização efetiva da função de administração de dados destaca-se a qualidade da informação das aplicações em uso na organização. A maioria das aplicações é projetada para um propósito operacional específico, e trata os dados somente para este propósito.

Diferentes aplicações, desenvolvidas em diferentes tempos, para diferentes objetivos operacionais, muitas vezes contêm dados que são inconsistentes ou redundantes com dados em outras aplicações. Elementos de dados com o mesmo nome podem ser definidos com conteúdo e utilizações completamente diferentes. O mesmo elemento em dois sistemas diferentes pode ser armazenado com nomes diferentes. Em casos extremos múltiplos elementos de dados podem estar armazenados em um mesmo campo.

Ainda que o valor do metadado nas organizações modernas seja evidente, a necessidade de administrar os dados da organização não recebe o valor devido. Um diagnóstico empírico nos permite identificar que:

1. Dados com baixa qualidade podem causar danos financeiros imprevisíveis e diversas outras consequências na administração da organização.
2. Dados com qualidade pior que o aceitável parecem ser admissíveis em banco de dados criados por analistas inexperientes e, mais do que uma exceção, é quase uma regra.
3. A pressa em obter resultados nos projetos de desenvolvimento dos SIs relegam o planejamento da base de dados a níveis inferiores na ordem de prioridades dos projetos

Neste contexto é necessário nivelar algumas atribuições específicas:

1. Os ADs determinam as diretrizes para gerenciar as informações dos dados corporativos. Estas diretrizes incluem:

   - Padrões para definir elementos de dados.

   - Regras para modelagem de dados e a política para compartilhar dados com diferentes grupos dentro e fora da organização.

   - O estabelecimento de padrões para definição e uso do dado.

   - A coordenação e a aprovação de modelo de dados.

   - A participação no esforço de correção de dados inconsistentes.

   - O desenvolvimento de parâmetros para medir a qualidade dos dados.

   - Parâmetros para melhoria dos processos que geram consistentemente qualidade ruim dos dados.

2. Os ADs identificam e administram *data proponency*. Um *data proponent* é a pessoa que é responsável pela qualidade de uma coleção de elementos de dados conhecidos. Em geral ele é um membro do grupo de responsáveis pelos processos da organização onde o dado tem origem e se configura como analista do negócio em questão. Como exemplo podemos citar um analista de negócios do assunto recursos humanos que pode ser o *data proponent* para a tabela Empregado. Em caso de problema com a qualidade da tabela Empregado, o analista de negócios do assunto recursos humanos deverá ser a pessoa a ser consultada/convocada para encontrar o problema e corrigí-lo. Para cada elemento de dado ou tabela os administradores de dados identificam a origem do elemento e qual é o *data proponent*.

3. Os analistas encarregados da função de administração de dados, revisam e aprovam modelos de dados para assegurar que o modelo esteja em conformidade com os padrões da administração de dados, políticas e procedimentos da organização. Como parte da revisão do modelo de dados os administradores de dados asseguram que cada elemento de dado está apropriadamente definido. Uma lista parcial dos itens requeridos para definir alguns elementos de dados deverá incluir uma descrição verbal concisa e precisa. O domínio do elemento (intervalo dos valores possíveis válidos), e a fonte do elemento (que sistema ou provedor externo é origem do conteúdo do elemento).

Implementar e manter estáveis sistemas de informação são formas de assegurar a qualidade global das atividades de uma organização de informática e isto requer informações confiáveis, atualizadas e oportunas e, como requisitos ou condicionantes, processos de carga, produção, saneamento e distribuição de dados cuja qualidade seja sempre confiável.

Pode-se ainda acrescentar a estas atribuições as que resultam de necessidades de harmonização e sincronismo de estruturas de dados entre projetos, de arbitragem de conflitos entre setores da organização de perspectivas sobre os metadados e mesmo os dados e de garantia da qualidade das bases de dados resultantes.

O conjunto de atribuições da administração de dados requer sua participação nos projetos de desenvolvimento, durante todo o trabalho de desenvolvimento, e das equipes de manutenção. O grau e o tipo de envolvimento nesses trabalhos variam com as fases do projeto e com a maturidade das equipes e deve focar as áreas de responsabilidade de cada sistema afetado pelo projeto.

Por fim vale destacar que a administração de dados tem recebido novas designações que tentam ampliar seu escopo tais como ARI (Administração de Recursos para Informação) ou AM (Administração de Metadados) que abrange não só o aspecto do dado como da tecnologia do dado. Esta diversidade de termos manifesta a preocupação dos ADs em prover maneiras eficientes de gerenciar, acessar, manipular e distribuir os dados existentes nos vários ambientes, plataformas e cenários da organização.

3.2.1   Escopo de Atuação da Administração de Dados.

O analista que desempenha a função de administrador de dados – AD – tem o papel de desenvolver e administrar as estratégias, procedimentos e práticas para o processo de gerência dos recursos de metadados e metainformação incluindo planos, padronização, proteção e utilização. É responsável também pelas atividades de modelagem de dados, análise temática e corporativa destes modelos, interseção entre modelos e gerenciamento dos modelos em produção.

As principais funções do AD são as que resultam das necessidades de harmonização e sincronismo de estruturas de dados entre projetos, da arbitragem de conflitos entre setores da organização com diferentes perspectivas sobre os metadados e da garantia da qualidade das bases de dados resultantes.

Ampliando as análises realizadas nos itens anteriores e tomando como base que a administração de dados tem como objetivo principal gerenciar o modelo de dados corporativo e os setoriais da Organização, promovendo sua conceituação, segurança, integridade e compartilhamento é possível determinar suas atividades específicas no mundo dos projetos de software:

1. A definição de procedimentos e padrões a serem utilizados nos trabalhos de desenvolvimento e manutenção de software e nas metodologias da Organização.

2. A elaboração do mapeamento de informação e do modelo corporativo objetivando compor o catálogo de informação da Organização.

3. A garantia da qualidade da informação implementada nos sistemas de informação através da modelagem dos dados lógica, semântica ou ontológica.

4. A participação nas equipes de desenvolvimento, durante todo o trabalho de desenvolvimento, e das equipes de manutenção. O grau e o tipo de envolvimento nesses trabalhos variam com as fases do projeto e com a maturidade das equipes e deve focar as áreas de responsabilidade de cada sistema afetado pelo projeto.

5. A proposição de soluções tecnológicas que afetam a produção e utilização de informação.

6. Análise da redundância de dados para maximizar o compartilhamento em lugar da replicação de dados nos vários sistemas e evitar erros de sincronicidade.

7. Análise e descrição geral de dados, metadados, informação, parainformação e metainformação para todos os modelos de dados dos novos sistemas, ambiente data warehouse e sistemas georreferenciados.

8. Apoio à análise de performance para melhoria do acesso, assegurando que o dado seja facilmente localizado. e,

9. Apoio à garantia da validade, exatidão, consistência e disponibilização dos dados.

10. Apoio à segurança de dados, incluindo confiabilidade e proteção contra perdas.

11. Definição de procedimentos e padrões a serem utilizados nos trabalhos de desenvolvimento e manutenção de software e nas metodologias da organização.

12. O Gerenciamento do acervo de informação da organização viabilizando sua utilização como recurso de uso comum, promovendo-lhes os valores de autenticidade, autoridade, acurácia, acessibilidade, seguridade e inteligibilidade.

13. O gerenciamento do modelo de dados corporativo e dos modelos setoriais promovendo sua conceituação, segurança, integridade e compartilhamento.

Diante de tantas responsabilidades e atribuições é necessário que se tenha clareza acerca dos fatores críticos de sucesso da Administração de Dados. Dentre os quais podemos citar:

- A administração de dados deve atuar com identidade própria de forma unificada em relação a modelos corporativos e setoriais.

- É necessário que a equipe tenha o apoio de gerentes e usuários com poder decisório.

- A criação e manutenção de um dicionário de dados corporativo correto, extenso, completo e flexível.

- A real compreensão das necessidades e requisitos dos usuários em seus processos de trabalho.

Cabe ressaltar que os "usuários" da administração de dados são os analistas da organização de todas as áreas que lidam com dados e os usuários das aplicações disponibilizadas pela Organização.

A pluralidade de temas tratados pelos sistemas sob responsabilidade da equipe de administração de dados na organização implementa um cenário de dados persistentes em que a documentação e a memória do acervo assumem importância vital no trabalho da organização e de seus sistemas de informação.

A visão global e a evolução histórica dos modelos de dados são hoje um processo contínuo de documentação e análise pela equipe de administradores de dados.

A equipe de administração de dados é composta por engenheiros e arquitetos de informação que têm sob sua responsabilidade o estudo da organização da informação permitindo aos usuários o entendimento, a rotulagem e a categorização da informação persistida nos diversos sistemas da organização.

3.2.2 ADs e DBAs.

É comum confundir o Analista de Administração de Dados e o Analista de Administração de Banco de Dados. Como resultado, existem muitas confusões sobre esses papéis e suas respectivas responsabilidades. Cada uma das funções é necessária ao adequado gerenciamento dos recursos corporativos de dados, metadados e informações, mas estas atividades não devem jamais estar combinadas em uma única pessoa ou um único subgrupo. Cada função requer diferentes perfis, treinamento e talentos, portanto, a maioria das pessoas não transita bem entre uma função e outra.

A função de Administração de Dados diferencia-se da função de Administração de Banco de Dados porque se dedica mais aos metadados do que aos meios físicos onde são armazenados, acessados e distribuídos. Há um enfoque maior nas informações contidas no modelo e nos metadados.

O Administrador de Banco de Dados tem a responsabilidade de projetar e gerenciar o armazenamento de dados de forma a atender às necessidades de acesso, sempre tendo em vista o modelo conceitual de dados (que incorpora as necessidades atuais e futuras do negócio).

Os administradores de dados têm seu foco no negócio enquanto os administradores de banco de dados são tecnicamente orientados, e estão empenhados em garantir a confiabilidade, integridade e performance das aplicações de banco de dados. Enquanto o AD trata de problemas semânticos e ontológicos do negócio, o DBA corrige erros das aplicações para resolver problemas de processamento do banco de dados e performance.

O alcance da administração de dados abrange todo o sistema de informação formal, e não apenas os subsistemas automáticos de processamento de dados. Entretanto, seu objeto de trabalho é a estratégia de negócio e não a tecnologia.

Por seu turno a administração de banco de dados é responsável pela implantação de estruturas de dados em plataformas de hardware e software, com as configurações adequadas ao melhor desempenho dos sistemas de processamento automático nesses ambientes operativos concretos.

É da sua responsabilidade desenvolver soluções técnicas de implantação e acesso físicos, para os dados abrangidos nas aplicações de informática, em conformidade com modelos elaborados ou validados pela administração de dados.

Cabe à administração de banco de dados monitorar a implantação desses modelos e auditar a qualidade do conteúdo das bases de dados, de modo a garantir a adequação destas aos objetivos da organização. Assim, podemos considerar que a administração de banco de dados é um suporte da administração de dados, um suporte orientado para os aspectos técnicos da gestão de dados em sistemas de informática.

O Processo de Normalização representa um ponto de contato entre as duas responsabilidades (AD e DBA). A Administração de Dados identifica as dependências funcionais dos dados e fornece à administração de banco de dados um modelo lógico completamente normalizado.

O DBA, entretanto, no processo de implementação, poderá descobrir que os dados têm dependências funcionais adicionais não identificadas durante a modelagem lógica, ou que a implementação física necessita ignorar regras de integridade referencial.

A Normalização, assim, tem utilizações diferentes nos dois processos de modelagem e tem que ser coordenada pelas duas funções (AD e DBA).

3.2.3   Sistemas distribuídos e localização das equipes de ADs.

A implementação distribuída das esquipes de projeto e manutenção dos sistemas de informação na organização traz à tona a necessidade de se discutir qual a melhor localização para as equipes de analistas que têm a administração de dados dentre suas funções. Para compreender os impactos da implementação distribuída é necessário estabelecer suas características:

- É a descentralização ou a desconcentração de serviços responsáveis pela implantação da tecnologia da informação que é inerente ao downsizing organizacional;
- Refere-se à arquitetura interna das soluções de informática, à distribuição de dados ou de processamentos e às arquiteturas cliente-servidor.

A descentralização ou a desconcentração de serviços e sistemas de informação provoca uma reorganização nas funções de apoio, suporte e análise centralizadas em um núcleo coordenador e centros delegados. Esta iniciativa se faz necessária para que seja possível apoiar os setores descentralizados e manter a sintonia das bases de dados distribuídas com a base de dados corporativa preservada e disponível em um repositório central.

Por seu turno, os requisitos do negócio e as necessidades de informação dos usuários não se alteram pelo simples fato de se implementar novas arquiteturas dos serviços de informática ou a das soluções.

Os processos de desenvolvimento e manutenção de sistemas de informação poderão ser triviais ou complexos, ter custos maiores ou menores para a organização, mas os requisitos de informação continuam a ser definidos pelas necessidades de informação dos diversos negócios da organização.

Assim, a configuração setorial da função de administração de dados não tem necessariamente que acompanhar as mudanças de arquitetura dos serviços ou sistemas de informação, mas deve ser a que proporcione maior eficiência e eficácia na gestão dos metadados corporativos e setoriais.

Em alguns casos, pode ser necessário ter equipes setoriais de administração de dados como forma de reforçar a sua ligação com unidades de negócio verticais, mantendo centralizadas apenas algumas funções de caráter mais global.

3.2.4   Administração de Dados Setorial.

Para atender às particularidades e especificidades de uma administração eficiente do acervo de metadados dos sistemas legados e para atender aos sistemas distribuídos se faz necessário definir quais os papéis dos profissionais que serão responsáveis pela administração de dados setorial (ADS).

A sigla ADS identifica um profissional da equipe de analistas que desempenham a administração de dados da organização dentre suas funções e que pode atuar na equipe de desenvolvimento e manutenção de sistemas de informação de um setor e que seja responsável pela administração de dados deste setor.

O papel do ADS não pode se confundir com o papel do analista de desenvolvimento do projeto, mesmo que as funções sejam desempenhadas pelo mesmo profissional.

O analista tem seu foco na aplicação e nos resultados que o usuário espera das informações e dos processos do sistema. Por seu lado, o ADS precisa se concentrar nos dados para ser um fator de boa qualidade do projeto.

No contexto do desenvolvimento do projeto pode-se inferir que o analista de sistemas é responsável por:

1. Elaborar o modelo de dados a partir do levantamento de dados e dos requisitos funcionais. Observe que o profissional responsável por projetar o modelo de dados é o analista de sistemas. O administrado de dados setorial é responsável pela auditagem e pela coesão com o modelo corporativo da organização.
2. Justificar, mediante lista de requisitos, o modelo de dados com o administrador de dados setorial.
3. Elaborar o projeto físico do banco de dados.
4. Discutir o projeto físico do banco de dados com o administrador de dados setorial.
5. Solicitar a geração ou modificação física dos bancos de dados.

Atuando como membro da equipe do projeto o ADS é responsável por:

1. Disponibilizar a infraestrutura de apoio ao analista do projeto.
2. Implantar ferramenta CASE.
3. Pesquisar modelos existentes para gerar um metamodelo.
4. Gerenciar a atualização dos metadados no dicionário de dados.
5. Gerenciar o catálogo de informação da área.
6. Centralizar a definição de regras de negócio para uso geral.
7. Promover a modelagem conceitual de dados e zelar pela qualidade destes.
8. Participar da modelagem de dados, nas revisões ou na elaboração do modelo, e em reunião de modelagem com o cliente.
9. Promover a integração das bases de dados dos clientes, minimizando e controlando redundâncias.
10. Promover a integração de bases de dados com outras instituições.
11. Assegurar a integridade referencial de dados.
12. Centralizar as reivindicações da equipe para serem discutidas com os demais ADS e com a área de AD central.
13. Ser o disseminador e a pessoa de referência da equipe com relação às questões de ferramental disponível e em termos de metodologia a ser utilizada no caso de modelagem de dados.
14. Manter o intercâmbio de experiências, divulgando as soluções adotadas para alguns problemas específicos e manter unidade de ação entre ADSs.
15. Disseminar informações teóricas e tecnológicas sobre o dado como recurso corporativo.

3.2.5 As barreiras para um trabalho eficiente.

Os trabalhos do AD proporcionam condições para a satisfação das necessidades de informação da organização e do projeto em níveis de qualidade adequados e controlados.

Para tanto, as atividades da administração de dados devem ultrapassar a condição de meros prestadores de serviços. Entretanto, apesar de todas as vantagens que a organização possa ter através de uma equipe de administração de dados atuante, é comum estas equipes encontrarem muita dificuldade para desempenhar suas tarefas.

Estas dificuldades estão sustentadas em cinco preconceitos distintos:

1. É uma equipe que apenas especifica metadados.
2. É uma equipe sem autonomia nos projetos de sistema de informação.
3. É uma equipe fora do processo de desenvolvimento dos sistemas,
4. É uma equipe que atrasa o projeto.
5. É uma equipe que é proprietária dos modelos de dados da organização.

O primeiro preconceito decorre do fato de que a administração de dados participa diretamente na definição, geração e manutenção das estruturas de dados utilizadas em subsistemas de informática, mas não executa tarefas operacionais de criação ou de manutenção das bases de dados.

É ponto pacífico que compete à administração de dados garantir a qualidade das definições e conteúdo dos dados processados em subsistemas de informática. E isto é verdade para todo sistema da organização e, mais ainda, se for considerado que qualquer subconjunto de dados implementa uma parte significativa do conjunto dos dados corporativos e estão sujeitos às regras de gestão do conjunto da organização.

Entretanto, o fato de a administração de dados ser a responsável pela qualidade das definições não implica em que ela presta serviço para os desenvolvedores. Ela é um recurso da organização e deve ser compreendida como um setor que apoia todos os sistemas ou à organização e não seus desenvolvedores.

O segundo preconceito tem origem no entendimento de que administração de dados não tem autonomia para interferir no desenvolvimento e manutenção dos sistemas de informação.

O fato dela não poder alterar o processo de desenvolvimento dos sistemas não implica em que ela não possa indicar melhores soluções em relação ao conjunto de dados corporativos da organização. A administração de dados não determina qual solução será adotada, mas tem a responsabilidade de indicar as melhores possibilidades de implementação de modelos. Cabe aos integrantes da organização valorizar o trabalho da administração de dados e usufruir de seu potencial.

O terceiro preconceito é baseado na ideia de que a administração de dados não faz parte das equipes que trabalham no desenvolvimento de software e nasce do pressuposto de que modelagem conceitual é totalmente independente dos objetos do negócio e do projeto técnico das estruturas de dados necessárias à implementação das bases de dados.

A administração de dados, neste contexto, teria apenas uma função assessória através da padronização de tamanhos, formatos e nomenclatura dos dados e, como consequência, as equipes de desenvolvimento estariam livres para projetar as estruturas de dados de acordo com as necessidades particulares de cada projeto.

Este terceiro preconceito, quando manifesto na organização, dá origem a bases de dados descontroladas, redundantes e ineficientes que resultam em ambientes com complexidade considerável para comunicação entre as bases de dados e para recuperação de informação não estruturada.

O quarto preconceito estabelece que a atuação da equipe de administração de dados no processo de desenvolvimento de sistemas é fator de atraso do projeto. Tal argumento decorre de não se considerar a modelagem de dados conceitual como atividade inicial nos projetos de novos sistemas e é consequência direta da preocupação dos desenvolvedores com resultados rápidos e focados em soluções tecnológicas e não em soluções lógicas.

Soluções imediatistas, parte de processos *ad hoc,* transformam a estrutura de dados corporativos em uma colcha de retalhos impossível de ser eficientemente compartilhada pelos sistemas de informação da organização.

Pode-se argumentar que os processos atuais de desenvolvimento de sistemas não permitem ciclos de meses ou anos, pois, além dos custos elevados, o *backlog* das organizações tende a crescer a cada dia.

Entretanto, soluções de curto prazo tem potencial de apresentar baixa qualidade de implementação e reduzido compartilhamento de informações. Esses efeitos colaterais da pressa em obter resultados são inaceitáveis pois acarretam manutenções que podem até inviabilizar a utilização do sistema pelos usuários.

Isto conduz para a tentativa de se equilibrar a qualidade mínima da solução com o tempo que se pode esperar pela solução. O problema se agrava ainda mais quando se considera os condicionantes para uma perfeita avaliação pois a produtividade depende de fatores tais como:

- Especificação da solução baseada na definição clara, prévia e completa do problema de informação que se quer resolver.

- A adoção de ferramentas para agilizar o processo de desenvolvimento.

- A diversidade de conhecimentos necessários nas equipes de projeto.

- A gestão eficaz dos dados em sistemas previamente desenvolvidos e implementados na organização.

Considerando que a equipe de desenvolvimento é composta por subequipes temáticas a administração de dados cumpre as funções de unidade integradora das contribuições dos diversos participantes no projeto e de controle de qualidade dos modelos de dados e da metainformação. Além disto, cria condições para a reutilização de modelos previamente existentes e para o acesso estruturado a metadados consolidados a partir de origens diversas.

Assim, é possível afirmar que o trabalho da administração de dados não só não introduz atividades ou atrasos desnecessárias no ciclo de desenvolvimento de sistemas, mas, pelo contrário, potencializa ganhos de qualidade e produtividade nestes ciclos, e contribui para a redução dos custos de manutenção futuros.

Como quinto preconceito tem-se o conceito de que a administração de dados se comporta como proprietária dos dados que administra. Esta questão deriva de uma outra discussão mais geral, que é a seguinte: quem, nas organizações, detém a propriedade dos dados utilizados nas atividades, sejam estas técnicas ou administrativas? Tratando-se de dados corporativos, a resposta natural: os dados pertencem à organização pois foi ela quem os adquiriu, gerou etc.

Entretanto, esta discussão se amplia quando se considera que o mais importante não é saber quem é o proprietário por direito dos dados, pois é sempre a organização, mas sim o proprietário no sentido em que alguém pode criar, alterar ou eliminar determinado dado. O proprietário do dado é, então, quem - setor, grupo de pessoas ou órgão - possui prerrogativas que lhe permitem alterar ou aprovar alterações nos dados.

A definição destas prerrogativas decorre da natureza dos processos e da estrutura funcional da organização e pertence ao domínio da gestão decidir sobre essa matéria. Os dados são, geralmente, representações de fatos do universo da organização e do negócio, e só podem ser objeto de investimento, seja para criação ou manutenção, quando determinado por seus gestores.

Um outro ponto de discussão sobre este preconceito decorre do fato de que faz parte das funções de administração de dados dar manutenção nos metadados relativos aos diversos subsistemas da organização em parceria integral com os respectivos usuários das informações. Neste domínio particular de atividade, é importante estabelecer níveis de acesso para a consulta e atualização de metadados. Por exemplo:

1. Metadados de uso geral (por ex: pessoa e endereço) devem estar centralizados em bases de dados "únicas" com regras parametrizadas de atualização.
2. Metadados setoriais (por ex: lançamento e imóvel) devem ser atualizados apenas pelo setor autorizado.
3. Metadados de uma função devem ser atualizados apenas por seus responsáveis.

Por seu turno, a administração de dados é, por definição, a entidade da organização com competência delegada para supervisionar a definição, manutenção, documentação e divulgação dos modelos de dados de modo a assegurar que estes fluam, entre os diversos subsistemas e atores, sem erros ou problemas - de comunicação, de interpretação etc.

A administração de dados deve garantir a qualidade dos modelos e, em nenhum caso, os ADs têm autonomia ou autorização para alterar o conteúdo dos registros dos sistemas de informação, quaisquer que sejam os suportes tecnológicos destes. Assim, é ilógico considerar que ela se comporta ou tende a se comportar como proprietária dos dados ou dos modelos.

3.2.6 Classificação dos analistas de Administração de Dados.

O trabalho do Analista de Administração de Dados está classificado de acordo com sua área de atuação e da abrangência de seu conhecimento conforme segue.

3.2.6.1 Administrador de Dados Suporte.

O analista de administração de dados suporte é responsável por administrar e dar suporte à Ferramenta CASE em uso na organização.

Para desempenhar esta função o analista precisa dominar a ferramenta CASE.

3.2.6.2 Administrador de Dados Documentador.

O analista de administração de dados documentador é responsável por:
- Atualizar os metadados no dicionário de dados e na Ferramenta CASE.
- Atualizar o catálogo de informação da área.
- Atualizar o mapeamento de dados, metadados, informação e metainformação do Modelo corporativo objetivando compor o catálogo de informação.

Para desempenhar esta função o analista precisa ter compreensão dos modelos e capacidade de redação.

3.2.6.3 Administrador de Dados Gestor.

O analista de administração de dados gestor é responsável por:

1. Gerenciar o acervo de informação da Organização viabilizando sua utilização como recursos de uso comum, promovendo-lhes os valores de autenticidade, autoridade, acurácia, acessibilidade, seguridade e inteligibilidade.
2. Atuar como parte integrante das equipes de desenvolvimento, na fase de projeto de novos sistemas. O grau e o tipo de envolvimento irão variar de acordo com as fases do projeto e com a maturidade das equipes.
3. Gerenciar a atualização dos metadados no dicionário de dados.
4. Gerenciar o catálogo de informação da área temática, setor ou sistema de informação.
5. Promover a modelagem conceitual de dados e zelar pela qualidade destes.
6. Promover a integração das bases de dados minimizando e controlando redundâncias.
7. Avaliar das redundâncias de dados, objetivando maximizar o compartilhamento em lugar da replicação de dados nos vários sistemas.
8. Assegurar integridade referencial de dados.

3.2.6.4 Administrador de Dados Referência.

O analista de administração de dados referência é responsável por:

1. Analisar e verificar os Modelos de Dados considerando suas interfaces com outros sistemas, bases corporativas, política de histórico e expurgos de dados.
2. Definir procedimentos e padrões a serem utilizados nos trabalhos de desenvolvimento e manutenção de software e metodologias utilizadas.
3. Definir estratégias, procedimentos e práticas para o processo de gerência dos recursos de metadados e metainformação, incluindo planos, padronização, proteção e utilização.
4. Propor soluções tecnológicas que afetam a produção e utilização de informação.
5. Avaliar redundâncias de dados, objetivando maximizar o compartilhamento em lugar da replicação de dados nos vários sistemas.
6. Apoiar a definição do Banco de Dados enquanto estrutura de persistência dos dados, incluindo precisão de definição e temporalidade.

7. Apoiar a segurança de dados, incluindo confiabilidade e proteção contra perdas.
8. Apoiar a análise de performance para melhoria do acesso, assegurando que o dado seja facilmente localizado.
9. Ser o disseminador e a pessoa de referência da equipe com relação às questões de ferramental disponível e em termos de metodologia a ser utilizada no caso de modelagem de dados.

3.2.6.5 Características adicionais para AD Gestor e Referência.

Para desempenhar as funções de AD Gestor ou Referência o analista precisa ter as seguintes características:

1. Capacidade de elaborar o catálogo de metainformação e o modelo corporativo da Organização.
2. Capacidade de análise e especificação de requisitos.
3. Capacidade de absorver e entender as necessidades de informação e os processos da organização de forma corporativa.
4. Habilidade de mensurar a qualidade dos dados, segurança e facilidade de acesso.
5. Facilidade de relacionamento com analistas e usuários.
6. Conhecimento de engenharia de software e abordagens tais como RUP, ICONIX, UML e OMT-G.
7. Habilidade em modelagem de dados no contexto de classes, ER, geoprocessamento e data warehouse.
8. Conhecimento de ferramentas de apoio à modelagem de dados.
9. Experiência em desenvolvimento de sistemas.
10. Conhecimento da teoria dos Sistemas de Gerenciamento de Banco de Dados.
11. Conhecimento de linguagem SQL.
12. Experiência em transformar um modelo de classes em modelo de dados relacional e vice-versa.
13. Conhecimento do negócio da Prefeitura de Belo Horizonte.
14. Alto grau de diplomacia, capacidade de negociação, eficácia, autocapacitarão, coerência, bom senso e clareza na exposição de ideias.

3.2.7   Perfil do Administrador de Dados.

A equipe de administradores de dados, no cenário atual da organização, deve ser composta com profissionais que possuam um conjunto de características obrigatórias e outro de desejáveis, que são descritas a seguir.

Características Obrigatórias:

1. Capacidade de análise e especificação de requisitos de sistemas de informação, metainformação metadados e paradados.
2. Capacidade de elaborar o catálogo de metainformação e o modelo corporativo da organização.
3. Capacidade de absorver e entender as necessidades de informação e os processos da organização de forma corporativa.
4. Habilidade de mensurar a qualidade dos dados, segurança e facilidade de acesso.
5. Facilidade de relacionamento com analistas e usuários.
6. Conhecimento de engenharia de software e abordagens tais como Ágil, RUP, ICONIX, UML e OMT-G.
7. Habilidade em modelagem de dados no contexto de classes, entidade-relacionamento, big data, geoprocessamento e *data warehouse*.
8. Conhecimento dos sistemas legados da organização.
9. Conhecimento de ferramentas de apoio à modelagem de dados.

Características Desejáveis:

1. Experiência em desenvolvimento de sistemas.
2. Conhecimento da teoria dos Sistemas de Gerenciamento de Banco de Dados.
3. Conhecimento de linguagens de recuperação de informação.
4. Experiência em transformar um modelo de dados de uma abordagem para outra.
5. Conhecimento da língua inglesa.

3.2.8 Tópicos que o AD precisa dominar.

3.2.8.1 Metodológicos.

1. Auditoria em sistemas.
2. Engenharia de software.
3. Engenharia reversa.
4. Estruturas lógicas de programação.
5. Gestão de indicadores de desempenho, produtividade e qualidade.
6. Gestão de projetos segundo o Escritório de Projetos da Organização.
7. Matriz SWOT - *Strengths, Weaknesses, Opportunities, and Threats*.
8. Metodologia de desenvolvimento de sistemas interativo-incremental.
9. Metodologias Ágeis.
10. RUP - Rational Unified Process.
11. UML - Unified Modeling Language.
12. BPM - Business Process Management.
13. Métricas para indicadores.
14. Monitoramente de modelos de dados.
15. Monitoramento de riscos.
16. Saneamento de bases de dados.
17. Migração de bases de dados.
18. Validação de bases de dados.
19. Requisitos funcionais e não-funcionais.
20. Regras de negócio.
21. Controle de qualidade de modelos de dados e de estruturas de bancos de dados.
22. Padrões de atributo (nome, tamanho, default, lei de formação. etc.).
23. Controle dados Históricos.
24. Controle de versão.
25. Sistemas legados
26. ODBC - Open Data Base Connectivity.
27. Normalização.
28. Modelos conceitual, lógico, físico.
29. Dicionário de dados.
30. Ponto de Função.

31. Rastreabilidade.
32. Big Data.
33. Cloud Computing.
34. Ferramenta OLAP - On-line Analytical Processing.
35. Ferramenta CASE.
36. Dados Abertos.
37. Web Services.
38. APIs.
39. SOA – Service Oriented Architecture.
40. SQL - Structured Query Language.
41. Business intelligence.
42. Data Warehouse
43. ETL - Extract Transform Load.
44. Sistemas nebulosos.
45. Testes.

3.2.8.2 Relativos à estrutura da organização em que atua.

1. Composição das equipes de projeto.
2. Endereços das unidades.
3. Planejamento estratégico.
4. Estrutura administrativa
5. Estrutura de login.
6. Prazos para atendimento de demandas.

3.3 Diferença entre o administrador de dados e o curador de dados.

O administrador de dados (Data Administrator) e o curador de dados (Data Curator) têm funções relacionadas ao gerenciamento de dados, mas focam em aspectos diferentes e complementares.

O Administrador de Dados geralmente trabalha mais com a parte técnica, infraestrutura e arquitetura de bancos de dados. Eles são responsáveis por definir políticas e procedimentos relacionados ao armazenamento, processamento e segurança dos dados. Suas funções podem incluir:

- Definir e implementar modelos de dados.

- Gerenciar e otimizar bancos de dados para garantir a integridade e a eficiência dos dados.

- Assegurar a conformidade com as regulamentações de dados.

- Gerir o ciclo de vida completo dos dados, desde a criação até a disposição final.

- Supervisionar backups, recuperação e acesso aos dados.

Por outro lado, o Curador de Dados foca em gerenciar a usabilidade, a acessibilidade, a compreensão e a reutilização dos dados. Essa função exige uma consideração cuidadosa do conteúdo dos dados, qualidade e no contexto de seu uso atual e potencial. Algumas de suas responsabilidades incluem:

- Classificar e organizar dados para que possam ser eficientemente acessados e reutilizados.

- Melhorar a qualidade dos dados aplicando métodos de limpeza e enriquecimento.

- Desenvolver e manter documentação detalhada sobre os conjuntos de dados, incluindo metadados e padrões de uso.

- Facilitar o acesso aos dados para usuários internos e externos, assegurando ao mesmo tempo a adesão às políticas de privacidade e propriedade intelectual.

- Trabalhar com pesquisadores e stakeholders para assegurar que os dados mantêm seu valor e relevância ao longo do tempo.

A administração de dados lida mais com o back-end, a estrutura e as políticas técnicas, enquanto a curadoria de dados está mais focada no front-end, ou seja, na interação dos usuários com os dados, na sua qualidade e na maximização do valor desses dados para a organização e para os usuários finais. Ambas as funções são cruciais para uma gestão eficaz de dados, e muitas vezes colaboram estreitamente para garantir que a infraestrutura de dados suporta e melhora a sua acessibilidade e utilização.

4   HISTÓRICOS NÃO SÃO COISA DO PASSADO.

"Passado: é o futuro usado."
Millor Fernandes

Por que se preocupar com dados históricos?

Sistemas de banco de dados podem persistir informações que representem o mundo real em um momento específico. O fato destas informações envolverem tempo e a necessidade de persistir tal evolução levaram ao desenvolvimento de Banco de Dados Temporais (BDT).

Neste contexto há também o backup. A cópia de segurança de um arquivo ou conjunto de dados que são a salvaguarda do banco de dados em caso de algum acidente que comprometa sua integridade.

Todo profissional de TI que lida, seja em que modo for, com bases de dados, de pequenas a enormes, você precisa saber construir a série histórica de uma informação e saber quando gerar seus backups.

Nos tempos atuais é muito fácil se conceber artefatos de tecnologia que ignoram eventos anteriores em sua concepção. Tudo parece muito rápido e urgente. Entretanto, ignorar a evolução de uma informação restringe inúmeras possibilidades de uso futuro das informações desta evolução.

Sistemas de banco de dados podem persistir informações que representem o mundo real em um momento específico. O fato destas informações envolverem tempo e a necessidade de persistir tal evolução levaram ao desenvolvimento de Banco de Dados Temporais (BDT).

BDT tem sido uma área ativa de pesquisa ao longo dos anos e deu origem a uma diversidade enorme de modelos de dados temporais e linguagens de consultas surgiram, pois, a maioria das aplicações da área empresarial, engenharia, médica e científica necessitam armazenar dados históricos (ELMASRI et al. (1992), ELMASRI et al. (1993), FERG (1985, GOLFARELLI et al. (1998).

Figura 28 – Passado e presente.

Ao longo do tempo é necessário conservar valores de dados definidos pelo tempo (passado, presente e futuro) tais como:

- Aplicações financeiras, mercado de ações, aplicações bancárias.
- Planos de companhias seguradoras a serem oferecidos (referentes ao futuro) e onde os valores das apólices geralmente são baseados nas informações (referentes ao passado) dos clientes.
- Informações acadêmicas, nas quais devem ser armazenados todos os conceitos obtidos pelos alunos nos respectivos semestres.
- Dados contábeis (datas de contas a pagar e receber, fluxo de caixa, pagamentos efetuados e recebidos), em tomadas de decisão (baseadas em informações históricas)
- Controles de estoque.

- Controle de importação/exportação.
- Sistemas de reservas (de companhias aéreas, de hotéis etc).
- Informações do segmento de saúde em que o registro das informações históricas de pacientes é fundamental.

Figura 29 – O mundo das finanças.

Os BDTs permitem armazenar e recuperar todos os estados de uma aplicação (atual, passado e futuro previsto), registrando sua evolução com o passar do tempo.

Os BDTs foram classificados em quatro categorias, dependendo da possibilidade de representação de informações históricas:

- Bancos de Dados Instantâneos. São armazenados somente os valores presentes e, ao alterar uma informação, a antiga é sobrescrita pela nova. Correspondem aos bancos de dados convencionais.
- Bancos de Dados de Tempo de Transação. Associam aos dados apenas o tempo em que a informação foi inserida no banco de dados, recuperando somente o passado e o presente das informações.

- Bancos de Dados de Tempo de Validade. Associam aos dados o tempo em que a informação será válida no banco de dados, possibilitando a recuperação tanto do passado, quanto do presente e do futuro das informações.
- Bancos de Dados Bitemporais. Associam tempo de transação e tempo de validade aos dados, permitindo a recuperação de todos os estados das informações.

A noção de tempo, como datas, períodos, duração de validade de informações e intervalos temporais, surge em três diferentes níveis:

1. Na modelagem de dados;
2. Na linguagem de recuperação e manipulação de dados;
3. Na implementação do Sistema Gerenciador de Banco de Dados (SGBD).

Apesar do substancial atividade de pesquisa e dos requisitos temporais das aplicações citadas, não há um SGBDT (Sistema Gerenciador de Banco de Dados Temporal) comercial.

Há um ponto nebuloso na literatura de BDT, pois não há um consenso aceito em modelo de dados ou linguagens de consulta que sirva de base para projetos de BDT e otimização de consultas temporais. Em um nível mais fundamental, a terminologia de BDT é altamente não padronizada. Não existe uma infraestrutura comum para a pesquisa em BDT.

A noção de tempo, como datas, períodos, duração de validade de informações e intervalos temporais, surge em três diferentes níveis:

- Na modelagem de dados.

- Na ferramenta de recuperação e manipulação de dados.

- Na implementação do Sistema Gerenciador de Banco de Dados (SGBD).

4.1 Principais conceitos de representação temporal.

Os modelos de dados tradicionais apresentam duas dimensões:

- Linha. Instâncias dos dados.
- Colunas. Atributos de uma tabela.

Cada atributo de uma instância apresenta um só valor e caso este valor seja alterado o anterior é perdido.

Os modelos temporais acrescentam mais uma dimensão aos modelos tradicionais – a dimensão temporal. Esta dimensão associa alguma informação temporal a cada valor. Caso o valor de um atributo seja alterado, o valor anterior não é removido do banco de dados – o novo valor é acrescentado, associado a alguma informação que define, por exemplo, seu tempo inicial de validade.

Pode-se citar como exemplo o caso do pagamento de INSS relativo a um funcionário. Se o valor for persistido com a data de pagamento será possível analisar sua evolução temporal.

Três diferentes conceitos temporais, segundo Snodgrass (1985), podem ser identificados em aplicações de banco de dados:

- Tempo de transação. Tempo no qual o fato é registrado no banco de dados.
- Tempo de validade. Tempo em que o valor é válido na realidade modelada.
- Tempo definido pelo usuário. Propriedades temporais definidas explicitamente pelos usuários em um domínio temporal e manipuladas pelos programas da aplicação.

A definição de uma ordem a ser seguida no tempo é fundamental quando se utiliza alguma representação temporal. Há três opções de ordenação temporal:

- Tempo linear. Total ordenação entre quaisquer dois pontos no tempo.
- Tempo ramificado. Permite a possibilidade de dois pontos diferentes serem sucessores (ramificação no futuro) ou antecessores (ramificação no passado) imediatos de um mesmo ponto. Para ambos a restrição linear é abandonada.

- Tempo circular. Utilizado para modelar eventos e processos recorrentes.

A maior parte dos modelos temporais se baseia no tempo linearmente ordenado. A ordenação total do tempo pode ser definida com mais precisão através da teoria dos conjuntos.

O ponto de referência da análise temporal indica duas possibilidades:

- Tempo Absoluto: informação temporal que define um tempo específico, com uma granularidade determinada, associada a um fato. Exemplo: João morreu no dia 13/01/70.

- Tempo Relativo: tem sua validade relacionada à validade de outro fato, ou ao momento atual. Exemplo: a inflação não aumentou ontem.

A forma de variação temporal apresenta basicamente duas formas:

- Tempo contínuo: supõe-se que o tempo é contínuo por natureza. Entretanto, sem grande perda de generalidade, o tempo pode ser considerado discreto.

- Tempo discreto: esta forma de representação simplifica consideravelmente a implementação de modelos de dados.

Modelos de dados que suportam uma noção discreta de variação temporal são baseados em uma linha de tempo composta de uma sequência de intervalos temporais consecutivos, que não podem ser decompostos, de idêntica duração. Estes intervalos são denominados *chronons*. A duração de um *chronon* não é necessariamente fixada no modelo de dados, podendo ser definida em cada implementação do modelo de dados.

A granularidade temporal de um sistema consiste na duração de um *chronon*. Entretanto, dependendo da aplicação considerada, às vezes é necessário considerar simultaneamente diferentes granularidades (minutos, dias, anos) para permitir uma melhor representação da realidade.

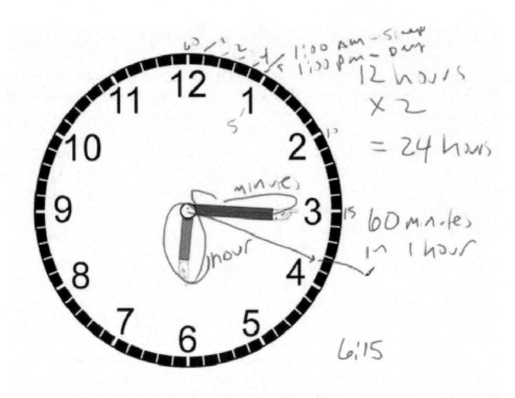

Figura 30 – Granularidade temporal.

Por exemplo, em um determinado segmento modelado, a granularidade pode ser diária, enquanto em outro pode ser semestral. Embora o *chronon* do sistema seja único, é possível manipular estas diferentes granularidades através de funções e operações disponíveis nos sistemas gerenciadores do banco de dados que implementam o modelo.

O conceito de instante, representando um ponto particular no tempo, depende da forma de variação temporal considerada. Quando é considerado tempo contínuo, um instante é um ponto no tempo de duração infinitesimal. Neste caso os instantes são isomórficos com os números reais.

Quando, no entanto, é considerada a variação temporal discreta, um instante é representado por um dos *chronons* da linha de tempo suportada pelo modelo. Na variação discreta, os instantes são isomórficos aos números inteiros ou a um subconjunto destes.

Considerando a ordem de variação temporal linear, tem-se a existência de um instante especial, correspondente ao instante atual, o qual se move constantemente ao longo do eixo temporal. Este ponto define o que é considerado como passado (qualquer ponto anterior a ele) e como futuro (qualquer ponto posterior a ele).

Um intervalo temporal é caracterizado pelo tempo decorrido entre dois instantes. Depende também da forma de representação temporal definida no modelo. Quando é considerado tempo contínuo, o intervalo consiste em infinitos instantes do tempo. Na variação discreta, um intervalo é representado por um conjunto finito de *chronons* consecutivos.

Um intervalo é representado pelos dois instantes que o delimitam. Dependendo da pertinência ou não dos instantes limites ao intervalo este podem ser aberto, semiaberto ou fechado.

Quando um dos limites é representado pelo instante atual temos a representação de um intervalo particular cujo tamanho varia com a passagem do tempo. Quando considerados intervalos, a variação temporal é linear. Se um intervalo fechado for representado por [I1,I2], uma das seguintes fórmulas deve ser verdadeira: *I1<I2* ou I1 = I2.

Elemento temporal é uma união finita de intervalos de tempo. É fechado para as operações de união, interseção e complemento da teoria dos conjuntos, isto é, qualquer destas operações sobre um elemento temporal produz um novo elemento temporal.

Como estas operações encontram contrapartida nos operadores booleanos *or, and* e *not*, isto produz um substancial simplificação na habilidade do usuário de expressar consultas temporais. Tendo em vista que todos os intervalos temporais são subconjuntos do eixo temporal *T*, um elemento temporal, também o é. Tanto um intervalo temporal como um instante temporal são elementos temporais.

Em termos de modelagem, o elemento temporal se mostra superior ao uso da primitiva intervalo de tempo, pois quando os intervalos são usados como rótulos temporais, os objetos são fragmentados em várias tuplas, uma para cada intervalo.

Outro aspecto importante é esta primitiva temporal possibilitar a representação da "reencarnação" de objetos com facilidade. Um exemplo é uma pessoa ser aluno de uma escola durante o intervalo [1997,1999], tendo saído da escola em 1999 e sendo readmitida dois anos depois (2001). A validade da existência desta pessoa na empresa seria a união dos intervalos [1997,1999] U [2001].

Durações temporais podem ser de dois tipos, dependendo do contexto em que são definidas: fixas ou variáveis. Uma **duração fixa** independe do contexto de sua definição. Exemplo: uma hora tem sempre a duração de 60 minutos, independente do contexto. Uma **duração variável** depende do contexto, um exemplo é a duração de um mês, que pode ser de 28, 29, 30 ou 31 dias.

A definição de tempo pode ser feita de forma explícita, através da associação de um valor temporal a uma informação na forma de um rótulo temporal (*timestamping*), ou de forma implícita, através da utilização de uma linguagem de lógica temporal.

A associação explícita de tempo às informações consiste em associar, a cada valor atribuído a um atributo, o valor que corresponde à sua primitiva temporal. A representação implícita é feita através da manipulação de conhecimentos sobre a ocorrência de eventos ou do relacionamento de intervalos de tempo.

4.2   Modelagem de dados temporal.

A representação de uma aplicação exige a sua modelagem conceitual. Um modelo de dados temporal adequado deve ser utilizado pelos seguintes motivos:

- O sistema a ser modelado pode apresentar informações temporais a serem introduzidas no banco de dados que o representa, sob forma de informação propriamente dita.

- Processos a serem executados podem apresentar interações temporais, interações estas que devem ser representadas.

- Tarefas podem apresentar pré-condições à sua execução, as quais podem ser representadas através de restrições temporais.

- Condições de integridade temporal do banco de dados podem ser necessárias.

Várias extensões à abordagem entidade-relacionamento (ER) original têm sido propostas com o objetivo de incorporar a possibilidade de modelar propriedades temporais. Pode-se citar como mais relevantes:

- TERM (Temporal Entity-Relationship Model) [Klopprogge,1981],

- RAKE (Relationships, Attributes, Keys, and Entities) [Ferg,1985],

- ERT (Entity Relationship Time Model) [Loucopoulos, 1991],

- TER (Temporal Entity-Relationship Model) [Tauzovich, 1991] e

- TEER (Temporal Enhanced Entity-Relationship Model) [Elmasri, 1993] e a sua variante STEER [Elmasri, 1992].

Em um modelo de dados convencional, os conjuntos de entidades e relacionamentos apresentam duas dimensões: a primeira refere-se às instâncias (linhas) e a segunda aos atributos (colunas). Em um modelo ER temporal (ERT), uma nova dimensão é acrescentada: a dimensão temporal.

A forma que tem se mostrado mais adequada de tratar a dimensão temporal em sistemas de informação é assumi-la como uma sequência discreta, linear e finita de pontos consecutivos no tempo. A esta sequência de pontos do tempo dá-se o nome de eixo temporal.

Um outro requisito importante a ser preenchido por um modelo de dados que incorpore a dimensão temporal é permitir que em um mesmo diagrama seja possível associar objetos (entidades, relacionamentos ou atributos) temporalizados com objetos não temporalizados.

Isto se faz necessário porque em sistemas de informação, normalmente, alguns dados precisam ser explicitamente referenciados em relação ao tempo (a evolução das notas dos alunos, a alocação de alunos em projetos), e outros não apresentam esta necessidade, ou porque não mudam com o tempo, ou porque é irrelevante ao usuário saber quando os fatos ocorreram (o código de uma disciplina, a autoria de um artigo).

Normalmente os objetos não temporalizados são assumidos como existindo sempre, ou seja, adquirem uma validade temporal, implícita e constante, igual a todo o conjunto de pontos do eixo temporal.

É importante ainda destacar dois tipos de entidades: transitórias e perenes.

1. As entidades transitórias são aquelas cuja validade temporal é um subconjunto de pontos do tempo do eixo temporal. Utiliza-se este tipo de entidade quando se quer modelar entidades que valem por um certo período. É possível através das transações do sistema ampliar ou reduzir a validade temporal das entidades transitórias. Como resultado do funcionamento do sistema, subconjuntos de pontos do tempo podem ser adicionados ou retirados da existência deste tipo de entidade. É dessa possibilidade de modificar a validade temporal que advém o qualificativo "transitórias" aplicado a estas entidades.

2. As entidades perenes são aquelas cuja validade temporal é exatamente igual a todo o eixo temporal. Toda vez que uma entidade perene é incluída no banco de dados do sistema, assume-se que seu rótulo temporal é igual a "[« , »]", isto é, a sua validade temporal inicia no primeiro ponto do eixo temporal e se estende até o último.

Normalmente as entidades que o modelador não necessita ou não deseja associar ao tempo são consideradas como perenes. O fato de ser perene não significa que uma entidade não possa ser eliminada do banco de dados. Entretanto, enquanto uma entidade perene estiver presente no banco de dados, a sua validade temporal será constante, igual ao conjunto de todos os pontos do eixo temporal. Portanto, diferentemente das entidades transitórias, a validade temporal das entidades perenes de forma alguma pode sofrer acréscimo ou redução.

Por ser constante, a validade temporal das entidades perenes não precisa ser registrada no banco de dados. O modelador deve visualizar o conjunto de pontos de tempo que define a existência das entidades perenes como sendo implicitamente especificado, ou seja, sempre igual ao conjunto total de pontos do eixo temporal.

Os relacionamentos também podem ser classificados com relação à temporalidade em temporais e intemporais. Os relacionamentos temporais são os relacionamentos que associam duas entidades no âmbito da dimensão temporal. Este tipo de relacionamento modela as associações das quais se necessita conhecer a validade temporal. Os relacionamentos temporais só são válidos nos momentos especificados pelos seus rótulos temporais. A validade no tempo de um relacionamento temporal sempre está contida dentro da interseção das existências das entidades associadas. Ou seja, o conjunto de pontos do tempo que define a validade de um relacionamento do tipo temporal é um subconjunto da interseção dos conjuntos de pontos que definem as existências das entidades associadas.

Os relacionamentos intemporais são os que não consideram a dimensão temporal, ou seja, se materializam no nível das perspectivas intemporais das entidades. Por exemplo, uma relação que não tem momento inicial ou final de validade é intemporal.

No caso dos atributos pode-se considerá-los temporais e intemporais na mesma lógica que as entidades e os relacionamentos.

A definição de um atributo como temporal ou intemporal considera o escopo da aplicação em questão. Por exemplo, o atributo Nome do aluno pode ser definido como temporal, pois seu nome pode mudar quando se casa, ou se divorcia ou por outros motivos. Mas, o armazenamento de todos os nomes e sua variação temporal não interessa à aplicação de Histórico Escolar. Mas, já em uma aplicação de Cartório, esta história do "nome" de uma pessoa deveria ser armazenada. Na aplicação de Histórico Escolar somente interessa para a instituição, o nome no instante de quando foi efetuada a matrícula, definindo-o, como intemporal.

4.3   Questões a serem examinadas no desenvolvimento dos Modelos de Dados Temporais.

Suponha que o modelo apresente a seguinte restrição: um aluno obrigatoriamente deve estar matriculado em um curso em cada momento da sua existência como aluno, não podendo estar matriculado em mais de um curso dentro da própria instituição ao mesmo tempo. Um outro requisito é a necessidade de representar as possíveis matrículas que um aluno pode apresentar ao longo do tempo, em função de sua transferência de um curso para outro.

No ER convencional não é possível especificar a restrição que determina que um aluno não pode estar matriculado em mais de um curso em cada momento do tempo. A cardinalidade "(1, N)", que aparece na ligação entre ALUNO e CURSO, especifica que um aluno deve estar associado a no mínimo um curso, podendo estar associado a mais de um (considerando toda carreira acadêmica na qual este aluno pode ser transferido de curso).

A responsabilidade de tratar as restrições temporais no ER é transferida para a modelagem dinâmica, ou seja, no caso do exemplo em questão, são as transações do sistema que devem se preocupar em impedir que um aluno possa estar matriculado em dois ou mais cursos ao mesmo tempo, no caso da mesma faculdade.

Este problema deixa de existir quando se utiliza o modelo ER temporalizado. A cardinalidade que aparece na ligação entre ALUNO e CURSO agora é "(1, 1)", a qual tem o seguinte significado: um aluno participa do relacionamento "está matriculado" no mínimo uma vez e no máximo uma vez a cada momento do tempo.

A vantagem de utilizar um modelo de dados temporal, no lugar de um convencional, está na sua capacidade de expressar a associação dos elementos com o tempo e de especificar as restrições decorrentes disto. Nos modelos de dados convencionais o tempo é representado por atributos comuns (datas, horas, etc.) e não estão disponíveis mecanismos para representar restrições temporais, exigindo, por conseqüência, que o modelador as especifique ao nível do modelo dinâmico.

Para obter um bom modelo temporal deve-se analisar:

- Homogeneidade: em alguns modelos de dados, todos os atributos de uma tupla são definidos sobre os mesmos intervalos de tempo. Outros permitem atributos a serem definidos sobre diferentes intervalos de tempo, em parte para permitir produto cartesiano.

- Agrupamento: alguns modelos requerem que tuplas de valor equivalente (aquelas com idênticos valores de atributos explícitos), sejam agrupadas se elas estão sobrepostas no tempo, que é, combinadas em uma tupla. Outros modelos não permitem o agrupamento de tuplas de valor equivalente.

5 POLÍTICA DE EXPURGO.

Uma das características desejáveis de um sistema de informação é que ele gere informação confiável a partir dos dados transacionais dos usuários e de aplicações intermediárias. Esta premissa traz consigo várias preocupações que permeiam esta geração de dados.

Dentre as mais importantes estão a preservação da informação atual e a informação que, apesar de não ser atual, ainda tem utilidade para os processos da organização.

Entretanto, na tentativa de preservar estas informações úteis para processos e usuários ocorre o crescimento descontrolado da base de dados por não se ter mecanismos que garantam que dados obsoletos ou desnecessários sejam expurgados ao longo da existência do sistema.

Separar dados que podem ser descartados daqueles que devem ser mantidos pode parecer impossível, mas deve ser incorporado na atividade de análise de todo sistema de informação. A iniciativa requer integração do gestor do sistema de informação com setores jurídicos e gestores do negócio. Só assim é possível identificar os dados que não agregam valor à organização e, nem tampouco, compensam gastos com a sua preservação. A realização do expurgo é útil para manter o banco de dados com as informações necessárias para o uso diário.

Devido à responsabilidade deste tipo de trabalho eu resolvi trazer neste livro a proposta de uma Política de Expurgo de Dados que define o conjunto de ações para garantir a deleção de dados armazenados desnecessariamente pelos sistemas de informação.

O expurgo é necessário nas situações em que o crescimento do banco de dados compromete a operação eficiente dos sistemas de informação e ocupa espaço, desnecessariamente, nas cópias de segurança – backups.

As informações passíveis de expurgo são, em geral, consideradas como dados históricos, pois são utilizadas apenas em auditorias ou análise de transações sequenciais. Como exemplo, podemos citar informações sobre compras de mais de quatro anos atrás em uma base de dados de controle de estoque que podem ser removidas sem afetar o uso diário dos sistemas e aplicações.

O expurgo consiste na remoção de informação da base de dados em uso pelos sistemas de informação da organização sendo armazenados em bases de dados históricas ou excluídos.

Ao se definir rotinas de expurgo é importante considerar questões legais, questões de atualização monetária e de sistemas que trabalham com dados históricos, como os sistemas que trabalham com aposentadorias.

O gerenciamento do Ciclo de Vida das Informações ou *Information Lifecycle Management* (ILM) pressupõe aprimorar a gerência de criação, o arquivamento e/ou a exclusão da informação.

Como parte da Política de Expurgo, objeto deste texto, tem-se que:
1. Todo sistema de informação deve incorporar em sua especificação processos de remoção de dados obsoletos ou defasados ao longo do seu ciclo de vida.
2. A remoção de dados da base de dados acessada diretamente por um sistema de informação pode implicar na transferência destes dados para áreas em outras bases de dados com acesso restrito ou na sua exclusão física.
3. Toda remoção de dados, que não seja por exclusão física, deve ter o período de retenção apropriada a cada tipo de dado.

Uma cópia de segurança ou *backup* é a cópia de arquivos ou base de dados que tem a função de preservar a imagem (situação) dos dados ou da base de dados em um determinado momento no tempo e ser objeto de restauração no caso da perda dos dados originais.

Os critérios para geração de cópias de segurança dependem das necessidades do usuário, das transações do sistema de informação que gera o dado e de requisitos legais quanto à temporalidade de preservação.

Como parte da Política de Expurgo, objeto desta seção, tem-se que:

1. Todo sistema de informação deve incorporar em sua especificação rotinas de cópia de segurança que garantam que a cópia contém dados necessários à preservação ou à restauração. Outros dados devem ser desconsiderados da cópia.

2. Cópias de segurança devem conter apenas arquivos confiáveis do usuário, ou seja, devem ser garantidos contra infecção de vírus e que não contenham qualquer tipo de *malware*.

3. Toda cópia deve desconsiderar arquivos do sistema operacional, arquivos de configuração, logs ou arquivos que façam parte da instalação dos *softwares* de um computador.

4. Caso uma cópia de segurança tenha particularidades de preservação estas devem ser informadas ao setor que realiza a cópia.

5. Todo sistema de informação deve informar sobre periodicidade de realização das cópias de segurança, período de retenção e procedimentos para descarte de cópias obsoletas. Estas informações devem ser detalhadas no documento "Manual de Procedimentos Operacionais" do sistema.

6. Todo sistema deve prever verificação e teste regulares das cópias de segurança.

7. É necessário garantir que o sistema de informação não gere dados que interfiram no conteúdo da cópia de segurança durante o período em que a cópia é realizada.

8. Dados gerados para testes ou durante testes de todo ou parte de um sistema em produção devem ser expurgados assim que os testes forem encerrados.

9. Dados gerados para testes ou durante testes de todo ou parte de um sistema em produção devem ser expurgados assim que os testes forem encerrados.

10. O processo de cópia de segurança deve considerar modalidade de cópia:

a. Cópia on-line ou off-line.

b. Cópia completa ou incremental.

c. Cópia local ou remota.

d. Cópia diária, semanal, trimestral ou anual.

6 INTERSEÇÕES E CONEXÕES.

Vivemos em uma era em que a informação, a ciência, a tecnologia e as diversas profissões estão cada vez mais interligadas e interconectadas. Os avanços tecnológicos e o acesso fácil à informação têm transformado radicalmente a forma como vivemos, trabalhamos e nos relacionamos. Nesse contexto, é fundamental compreender as interseções e conexões que existem entre esses elementos e como eles se influenciam mutuamente.

A informação é a base de todo o conhecimento humano. Desde os primórdios da humanidade, buscamos coletar, organizar e compartilhar informações para entender o mundo ao nosso redor. Com o advento da escrita e, posteriormente, com o desenvolvimento das tecnologias de armazenamento e disseminação da informação, como os livros, os jornais e, mais recentemente, a internet, nunca tivemos tanto acesso a informações como temos hoje.

Junto com a informação, a ciência tem desempenhado um papel crucial em nosso progresso como sociedade. Através do método científico, buscamos compreender as leis que regem o universo e descobrir soluções para os problemas que nos afetam. A ciência também está intrinsecamente ligada à tecnologia, uma vez que é por meio da ciência que novas descobertas são transformadas em inovações tecnológicas que impulsionam o progresso e o desenvolvimento.

A tecnologia, por sua vez, é o resultado das interações entre a ciência e a informação. É através da aplicação do conhecimento científico que desenvolvemos tecnologias que facilitam nossa vida diária, melhoram a qualidade de vida e impulsionam a economia. Desde os primórdios, quando a roda foi inventada, até os dias de hoje, com o advento da inteligência artificial e da internet das coisas, a tecnologia tem moldado profundamente nossa sociedade.

Por fim, mas não menos importante, estão as diversas profissões que existem em nossa sociedade. Cada profissão tem sua própria importância e contribuição para o funcionamento da sociedade como um todo. No entanto, é importante ressaltar que muitas profissões estão diretamente ligadas às interseções e conexões entre a informação, a ciência e a tecnologia.

Profissões como cientistas da computação, engenheiros de software, analistas de dados e especialistas em inteligência artificial são exemplos claros de como a tecnologia influencia diretamente as oportunidades de carreira. Por outro lado, profissionais das áreas de saúde, meio ambiente, administração e educação também se beneficiam das informações científicas e tecnológicas para melhorar seus processos e o atendimento às pessoas.

Além disso, com o avanço da tecnologia e o acesso à informação, novas profissões têm surgido. O campo da tecnologia da informação e comunicação (TIC), por exemplo, tem possibilitado o surgimento de profissões como desenvolvedores de aplicativos móveis, especialistas em segurança cibernética e designers de experiência do usuário (UX). Essas profissões são altamente especializadas e requerem conhecimentos profundos nas interseções entre a informação, a ciência e a tecnologia.

As interseções e conexões entre a informação, a ciência, a tecnologia e as diversas profissões se tornaram tão intrínsecas ao nosso cotidiano que é difícil imaginar um futuro sem elas. A busca por soluções inovadoras, eficientes e sustentáveis é impulsionada pela troca de conhecimentos entre as diferentes áreas. A colaboração e a interdisciplinaridade tornam-se cada vez mais importantes para enfrentar os desafios complexos e globalmente interconectados de nossa sociedade.

É fundamental que a educação e o desenvolvimento profissional estejam preparados para promover e incentivar essas interseções e conexões. Capacitar os indivíduos a compreenderem a importância da informação, da ciência, da tecnologia e das interações entre elas é essencial para que possam se adaptar e prosperar em um mundo em constante evolução.

A informação é o elemento fundamental de um mundo cada vez mais conectado. Com o advento da internet, o acesso à informação nunca foi tão amplo e rápido. Estamos constantemente bombardeados por uma quantidade imensa de dados e precisamos ser capazes de filtrar e interpretar essas informações de forma crítica e consciente. A informação é o ponto de partida para o desenvolvimento científico e tecnológico.

A ciência, por sua vez, é o motor do progresso humano. É o método sistemático de investigação e experimentação que nos permite compreender o mundo natural e suas leis. A ciência é uma busca contínua por conhecimento e verdade, e suas descobertas têm um impacto direto na forma como vivemos, trabalhamos e nos relacionamos. É por meio da ciência que podemos desenvolver soluções para os desafios que enfrentamos como sociedade.

A tecnologia surge como o resultado das interações entre a informação e a ciência. É por meio da aplicação do conhecimento científico que podemos criar e desenvolver tecnologias que melhoram nossas vidas e impulsionam a economia. Desde a revolução industrial até a era digital, a tecnologia tem desempenhado um papel fundamental nas transformações sociais e econômicas. Hoje, vivemos rodeados de dispositivos tecnológicos que nos auxiliam em atividades do dia a dia e nos conectam ao mundo.

As diversas profissões existentes em nossa sociedade estão inevitavelmente ligadas às interseções e conexões entre a informação, a ciência e a tecnologia. Profissões como engenharia de software, data science, inteligência artificial e cibersegurança são exemplos claros de como a tecnologia influencia diretamente o mercado de trabalho. Ao mesmo tempo, campos como medicina, direito, pedagogia e administração também se beneficiam do avanço da informação e da tecnologia para aprimorar os serviços prestados e otimizar os processos de trabalho.

Além disso, a velocidade das mudanças e dos avanços tecnológicos tem dado origem a novas profissões e carreiras. Funções como especialistas em marketing digital, desenvolvedores de realidade virtual/aumentada, especialistas em análise de dados e consultores de inovação estão cada vez mais em alta. Esses profissionais precisam dominar conhecimentos multidisciplinares, combinando aspectos da informação, ciência, tecnologia e estratégia de negócios.

Um exemplo prático das interseções e conexões entre esses elementos é a área da medicina. Com o avanço da ciência médica, novas tecnologias têm sido desenvolvidas para diagnóstico e tratamento de doenças.

Equipamentos médicos mais precisos e avançados estão à disposição dos profissionais de saúde, o que permite um melhor atendimento aos pacientes. Além disso, a coleta e análise de dados de saúde têm se tornado cada vez mais importantes para a tomada de decisão clínica.

A informação também desempenha um papel crucial na área da educação. Com a popularização da internet e o acesso a plataformas educacionais online, é possível ter acesso a uma vasta quantidade de informações e materiais de estudo. A ciência da aprendizagem tem se beneficiado dessas interseções para desenvolver métodos mais eficientes de ensino e aprendizagem, utilizando tecnologias digitais, inteligência artificial e análise de dados.

No mundo dos negócios, a informação e a tecnologia estão transformando a forma como as empresas operam. A coleta de dados sobre clientes, mercado e concorrentes tornou-se essencial para a tomada de decisões estratégicas nas empresas. Além disso, o comércio eletrônico e a transformação digital têm impulsionado a inovação e aberto novas oportunidades de negócio. Profissões como especialistas em marketing digital, e-commerce e análise de dados têm se tornado cada vez mais relevantes nesse cenário.

É importante ressaltar que as interseções e conexões entre a informação, a ciência, a tecnologia e as diversas profissões não apenas impulsionam o progresso e a inovação, mas também trazem desafios e questões éticas. O acesso à informação pode ser uma faca de dois gumes, pois nem sempre é fácil distinguir entre informações confiáveis e falsas. Além disso, a tecnologia pode levantar questões relacionadas à privacidade, segurança e desigualdade digital.

As interseções e conexões entre a informação, a ciência, a tecnologia e as diversas profissões têm um impacto profundo em nossa sociedade e moldam o mundo em que vivemos. É essencial que sejamos capazes de compreender e aproveitar essas interações para um progresso sustentável e inclusivo. A colaboração entre diferentes campos do conhecimento e a promoção de uma educação multidisciplinar são fundamentais para enfrentar os desafios e aproveitar as oportunidades que surgem nesse contexto.

Portanto, as interseções e conexões entre a informação, a ciência, a tecnologia e as diversas profissões são parte fundamental do mundo em que vivemos. A informação e o conhecimento científico estão no centro das transformações sociais, econômicas e culturais.

A tecnologia se desenvolve a partir dessas bases e influencia diretamente as oportunidades profissionais e o mercado de trabalho. A compreensão dessas interações é essencial para enfrentar os desafios e aproveitar as oportunidades que surgem nesse contexto cada vez mais interconectado e globalizado.

7 DESAFIOS E TENDÊNCIAS NA ERA DA INFORMAÇÃO, DA CIÊNCIA, DA TECNOLOGIA E DAS PROFISSÕES.

Na sociedade contemporânea, a velocidade com que a informação circula e é processada tem sido uma das principais mudanças trazidas pela revolução digital e pela era da tecnologia. Essa rápida evolução traz consigo uma série de desafios e tendências que afetam a forma como vivemos, trabalhamos e nos relacionamos.

A era da informação trouxe consigo um conjunto de desafios éticos que precisamos enfrentar. A transformação tecnológica tem impactado diretamente a maneira como nos relacionamos com o mundo e uns com os outros. Essas mudanças rápidas e profundas têm suscitado uma série de questões morais complexas que exigem uma profunda reflexão.

Um exemplo de questão ética que surge com o avanço tecnológico é o uso de inteligência artificial em sistemas de reconhecimento facial. Embora essa tecnologia possa ser útil em várias áreas, como segurança e identificação de criminosos, ela também levanta preocupações sobre privacidade e discriminação. Por exemplo, existe o risco de a tecnologia ser usada para vigiar cidadãos de maneira opressiva ou para perpetuar preconceitos e estereótipos, direcionando o foco policial a determinados grupos étnicos.

Outro exemplo relevante é o impacto ético das redes sociais. A facilidade de disseminar informações e se conectar com pessoas ao redor do mundo trouxe muitos benefícios, mas também desafios éticos significativos.

A disseminação rápida de notícias falsas e desinformação tem sido uma preocupação crescente, afetando a tomada de decisões informadas e alimentando divisões sociais. Além disso, a coleta e o uso de dados pessoais pelas redes sociais têm levantado questões sobre privacidade e consentimento.

A robótica e a automação também têm sido objeto de debates éticos. A substituição de trabalhadores humanos por máquinas levanta preocupações relacionadas ao desemprego e à desigualdade social. Além disso, a tomada de decisões éticas por robôs autônomos, como carros autônomos, levanta questões sobre a responsabilidade pelos danos causados por essas máquinas.

Esses são apenas alguns exemplos de como a tecnologia está desafiando nossa ética na era da informação. À medida que continuamos a avançar, é essencial que consideremos cuidadosamente as implicações éticas de nossas ações e busquemos soluções que promovam um mundo mais justo e equitativo. Devemos garantir que nossas decisões tecnológicas não apenas tragam benefícios, mas também levem em consideração as consequências éticas envolvidas.

Uma abordagem ética em relação aos avanços tecnológicos requer um equilíbrio cuidadoso entre inovação e responsabilidade. É importante envolver especialistas em ética e promover discussões abertas e inclusivas sobre o impacto de novas tecnologias. Isso pode envolver a criação de comitês de ética ou a colaboração com organizações que se dedicam a questões éticas na era digital.

Outro exemplo é o debate em torno da inteligência artificial (IA) e da automação. A IA está sendo usada cada vez mais em várias áreas, como saúde, finanças e justiça. No entanto, o uso injusto e tendencioso da IA pode perpetuar desigualdades existentes.

Por exemplo, algoritmos de aprendizado de máquina podem ser treinados com bases de dados enviesadas, resultando em decisões discriminatórias em processos seletivos ou em sistemas de justiça criminal. A ética da IA envolve garantir que os algoritmos sejam imparciais, transparentes e responsáveis.

As grandes empresas de tecnologia têm acesso a uma quantidade significativa de informações sobre nós, desde nossos hábitos de consumo até nossa localização em tempo real. Nesse contexto, é crucial que existam regulamentações e políticas claras para proteger a privacidade dos cidadãos e dar-lhes controle sobre seus próprios dados.

Além disso, a segurança da informação tornou-se uma preocupação constante em um mundo cada vez mais interconectado. Com o aumento dos ataques cibernéticos, é essencial adotar medidas eficazes para proteger dados sensíveis e infraestruturas tecnológicas.

Empresas e organizações devem investir em sistemas de segurança robustos e em práticas de conscientização e treinamento para mitigar os riscos associados à segurança da informação. Além disso, é importante que os indivíduos sejam educados sobre medidas de proteção e estejam cientes dos riscos existentes ao compartilhar informações online.

As inovações tecnológicas estão redefinindo e moldando nosso mundo em uma escala sem precedentes. A inteligência artificial (IA), por exemplo, revolucionou a forma como as máquinas podem aprender e executar tarefas que antes eram exclusivas dos seres humanos.

A IA já está presente em nossas vidas diárias, desde assistentes virtuais como a Siri e o Alexa até carros autônomos e sistemas de recomendação personalizados em plataformas online. Um exemplo marcante da aplicação da IA é na área da saúde, onde ela pode ser usada para diagnósticos médicos mais precisos, identificação de mutações genéticas e desenvolvimento de tratamentos personalizados.

Outra inovação transformadora é a Internet das Coisas (IoT), que permite a interconexão de dispositivos e objetos cotidianos com a internet. Como resultado, nossas casas, cidades e até mesmo nossos carros se tornaram cada vez mais inteligentes e conectados.

Por exemplo, podemos controlar a temperatura de nossas casas remotamente por meio de um aplicativo em nosso smartphone, receber notificações em tempo real sobre o nível de enchimento de uma lixeira pública ou até mesmo rastrear a localização de nossos veículos. A IoT também está se tornando uma ferramenta valiosa em setores como agricultura, indústria e logística, melhorando a eficiência operacional e reduzindo custos.

Além disso, a realidade virtual (VR) e a realidade aumentada (AR) estão transformando as experiências de entretenimento, educação e até mesmo treinamento.

Através de dispositivos como óculos de VR ou aplicativos de AR em smartphones, podemos explorar mundos virtuais imersivos, aprender em ambientes simulados e visualizar objetos virtuais em nosso ambiente real.

Por exemplo, a indústria de videogames está cada vez mais adotando a VR para oferecer experiências imersivas aos jogadores, enquanto a AR tem sido usada em treinamentos de pilotos de aviação para simular situações de voo complexas e perigosas.

A impressão 3D e outras tecnologias emergentes estão impactando todos os setores da sociedade. Essas inovações trazem benefícios significativos, como maior eficiência, acesso à informação, comodidade e melhorias na qualidade de vida.

A inteligência artificial (IA) é um exemplo marcante dessa transformação. A IA permite que as máquinas aprendam, processem informações e executem tarefas complexas de forma autônoma. Ela está presente em assistentes virtuais como a Siri e o Alexa, que podem responder a perguntas, realizar tarefas e até mesmo controlar dispositivos domésticos conectados.

Além disso, a IA também é utilizada em carros autônomos, que são capazes de navegar e tomar decisões no trânsito sem a intervenção humana. Essas tecnologias estão mudando a forma como interagimos com a tecnologia e estão impactando o setor automotivo e as experiências de mobilidade.

A Internet das Coisas (IoT) é outra inovação disruptiva que está transformando nossas vidas. A IoT consiste na interconexão de dispositivos e objetos cotidianos com a internet, permitindo a troca de informações e o controle remoto.

Por exemplo, podemos usar um aplicativo em nosso smartphone para controlar a iluminação de nossa casa, monitorar a segurança e receber notificações em tempo real sobre o status de nossos eletrodomésticos. Além disso, a IoT tem um grande potencial em setores como a agricultura, permitindo o monitoramento de cultivos e o controle de irrigação de forma mais eficiente, reduzindo o desperdício e maximizando a produção.

A realidade virtual (VR) e a realidade aumentada (AR) estão transformando as formas de entretenimento, educação e treinamento. Com a VR, é possível mergulhar em ambientes simulados e interagir com eles de forma imersiva. Por exemplo, podemos explorar museus virtualmente, viajar para destinos turísticos sem sair de casa ou até mesmo participar de treinamentos em ambientes virtuais. Já a AR possibilita a sobreposição de elementos virtuais no ambiente real, enriquecendo as experiências do usuário.

As inovações tecnológicas estão moldando nosso mundo de maneiras nunca antes imaginadas. A inteligência artificial, a Internet das Coisas, a realidade virtual e aumentada, a impressão 3D e outras tecnologias emergentes estão impactando todos os setores da sociedade. Essas inovações trazem benefícios significativos, como maior eficiência, acesso à informação, comodidade e melhorias na qualidade de vida.

No entanto, também desafiam a forma como as profissões tradicionais são executadas. À medida que a automação e a inteligência artificial avançam, é necessário pensar em como as habilidades humanas exclusivas podem ser aprimoradas e combinadas com a tecnologia para garantir uma colaboração eficaz e um futuro do trabalho sustentável.

Falando em mudanças no mercado de trabalho, a era da informação e da tecnologia está redefinindo as demandas por habilidades e competências. Profissões estão surgindo, enquanto outras estão desaparecendo.

À medida que os avanços tecnológicos transformam a economia global, é fundamental desenvolver um conjunto diversificado de habilidades, incluindo habilidades digitais, pensamento crítico, resolução de problemas, adaptabilidade e inteligência emocional. A aprendizagem ao longo da vida e a capacidade de se adaptar às mudanças são essenciais para enfrentar os desafios e as oportunidades trazidos por essa nova era.

Para lidar com esses desafios e abraçar as tendências emergentes, a colaboração e o diálogo entre diferentes setores se tornam cruciais. Empresas, governos, educadores e a sociedade em geral devem trabalhar juntos para encontrar soluções e estabelecer diretrizes que equilibrem os avanços tecnológicos com os valores humanos fundamentais, como ética, privacidade e segurança.

É necessário um compromisso conjunto para garantir que a tecnologia seja usada de forma responsável e inclusiva, levando em consideração o impacto social, econômico e ambiental.

A informação é o combustível que impulsiona a sociedade digital. É através dela que moldamos nosso presente e construímos as bases para um futuro mais promissor. No entanto, devemos ter consciência de que a informação por si só não é suficiente.

É fundamental compreender, analisar e aplicar esse conhecimento de forma ética e responsável, para que possamos colher os verdadeiros benefícios dessa era da informação.

No entanto, diante de uma quantidade tão grande de dados disponíveis, é necessário desenvolver habilidades de filtragem e discernimento, a fim de distinguir informações confiáveis e verídicas das falsas e manipuladas. O ato de selecionar, analisar e sintetizar informações torna-se uma tarefa cada vez mais importante em um mundo altamente conectado e cheio de possibilidades.

Novas profissões surgem constantemente, enquanto outras se transformam ou desaparecem. Neste cenário em rápida evolução, é fundamental que as pessoas estejam dispostas a aprender e se adaptar às mudanças, a fim de se manterem competitivas no mercado de trabalho.

Ademais, é essencial que o ser humano não deixe que a tecnologia assuma o controle total de suas vidas. Embora as inovações da ciência da informação possam facilitar nossas tarefas diárias e melhorar nossa qualidade de vida, é fundamental encontrar um equilíbrio saudável entre o uso da tecnologia e a conexão com o mundo real.

A dependência excessiva de dispositivos eletrônicos e redes sociais pode levar ao isolamento social, à deterioração das habilidades de comunicação face a face e a problemas de saúde mental.

Nesse sentido, é importante valorizar e preservar os aspectos humanos do nosso cotidiano. A ciência da informação deve ser vista como uma ferramenta que nos ajuda a ampliar nossas capacidades e conhecimentos, mas nunca substituir nossa essência como seres humanos. A empatia, a conexão emocional e a criatividade não podem ser deixadas de lado em favor de uma dependência excessiva da tecnologia.

É fundamental que o ser humano desenvolva habilidades como pensamento crítico, resiliência e adaptabilidade. Essas competências não apenas nos permitem enfrentar as mudanças, mas também nos capacitam a aproveitar ao máximo as oportunidades que essas inovações proporcionam.

Além disso, a educação desempenha um papel crucial nesse processo de adaptação e conscientização. É importante que as instituições educacionais incorporem em seus currículos a alfabetização digital, ensinando não apenas a utilizar a tecnologia, mas também a compreender suas implicações e a desenvolver habilidades críticas para uma inserção saudável no mundo digital.

Assim, é importante ressaltar que, embora as inovações da ciência da informação possam trazer desafios, elas também oferecem oportunidades incríveis de avanço e progresso. A capacidade de compartilhar conhecimento, conectar-se com pessoas de diferentes partes do mundo, simplificar tarefas complexas e promover mudanças positivas é uma realidade que antes não imaginávamos.

8 TENDÊNCIAS NO MERCADO DE TRABALHO.

No contexto da coleta, preservação e uso da Informação, tanto a Ciência da Informação quanto a Tecnologia da Informação desempenham papéis essenciais nas tendências atuais do mercado de trabalho. Com o avanço constante da tecnologia e o rápido crescimento das informações disponíveis, é crucial que as organizações se adaptem às mudanças e aproveitem as oportunidades que surgem.

Neste cenário fervilhante, emerge uma demanda crescente por profissionais que não só entendam essa crescente paisagem de dados, mas que também possuam a capacidade técnica e intelectual para navegar por ela.

8.1 Profissionais de dados.

Os profissionais de dados, equipados com as habilidades de coletar, organizar e processar informações, agora ocupam um lugar de destaque no tabuleiro de xadrez corporativo. Eles são os mestres da mineração de dados, convertendo o caos da informação em insights acionáveis que podem definir o curso estratégico de uma empresa.

No núcleo desse profissional do século XXI, está a capacidade de extrair conhecimento útil e relevante a partir de montanhas de dados aparentemente indecifráveis. Esta habilidade, muitas vezes chamada de alfabetização de dados, é amplamente considerada uma das competências mais críticas na atualidade.

Ela envolve o entendimento profundo de ferramentas analíticas, linguagens de programação, princípios estatísticos e, claro, a capacidade de traduzir números em narrativas que impulsionem a tomada de decisões.

As empresas, reconhecendo o valor das decisões baseadas em dados, estão constantemente à procura de indivíduos que possam não só interpretar os dados, mas também fornecer recomendações que direcionem a empresa a novas oportunidades de mercado e otimização de processos. Essa tendência se reflete no aumento da procura por cientistas de dados, analistas de dados, engenheiros de dados e especialistas em inteligência artificial.

O mercado busca avidamente por talentos capazes de aplicar machine learning, análise preditiva e outras formas de inteligência artificial para transformar dados brutos em ativos valiosos. Esta transição marca uma mudança paradigmática de um regime que valorizava predominantemente a experiência baseada em intuição para um que prioriza o insight baseado em evidências.

A competência analítica tornou-se uma moeda de troca valiosa. A educação e o treinamento estão se adaptando rapidamente para suprir essa demanda, com universidades e instituições oferecendo cursos especializados em ciência de dados, análise de big data e inteligência artificial. Além disso, os profissionais ativos estão buscando aumentar suas habilidades através de certificados online e workshops intensivos, sinalizando uma nova era de aprendizado contínuo impulsionado pela necessidade de se manter relevante em um mercado volátil.

No entanto, a sobrecarga de dados apresenta seus próprios desafios. A privacidade dos dados e as questões éticas em torno da coleta, armazenamento e uso dessas informações são preocupações que as empresas e os profissionais devem navegar com cautela.

8.2 Governança de dados.

A governança de dados torna-se, dessa forma, um campo crítico, exigindo profissionais que não apenas entendam as leis e regulamentações atuais, mas que possam também antecipar e responder aos desafios emergentes.

Esteja alerta para o fato de que a era do data-driven business é uma realidade consolidada, e os profissionais que podem capitalizar sobre o tsunami de dados são os novos líderes e inovadores neste cenário.

Eles não são apenas analistas; eles são contadores de histórias, estrategistas e visionários. Com o avanço tecnológico galopante, a certeza é que o mercado continuará a evoluir, e aqueles com a habilidade de domar e interpretar o vasto universo de dados estarão na linha de frente, moldando o futuro do trabalho, da economia e da sociedade em um mundo cada vez mais orientado por dados.

À medida que nos aprofundamos na era da informação, o mercado de trabalho está se transformando sob o peso de um fenômeno inquietante: o crescimento maciço de dados ao nosso dispor. Este fenômeno não pode ser subestimado - ele vem redefinindo profissões, criando indústrias e moldando o futuro da empregabilidade.

Além disso, a preservação da informação também se torna um desafio cada vez maior. Com o volume crescente de dados digitais, é necessário garantir a segurança e a integridade dessas informações. A proteção contra ataques cibernéticos, o backup regular dos dados e a implementação de políticas de preservação são aspectos cruciais para as organizações. Profissionais especializados em segurança da informação e gestão de dados são cada vez mais requisitados nesse contexto.

8.3   Inteligência artificial.

Outra tendência é a utilização de tecnologias emergentes, como a inteligência artificial (IA) e a aprendizagem de máquina (machine learning), para a análise e o uso eficiente da informação. Essas tecnologias têm o potencial de automatizar tarefas, identificar padrões e insights ocultos nos dados, auxiliando na tomada de decisões estratégicas. Profissionais com conhecimentos em IA e machine learning são altamente valorizados pelas empresas que desejam se destacar na era da informação.

A demanda por profissionais que possuam habilidades de comunicação e pensamento crítico também está em alta. Com a quantidade de informações disponíveis, é essencial saber filtrar, analisar e interpretar dados de forma clara e eficiente. Profissionais capazes de transformar dados complexos em insights acionáveis e comunicar essas informações de maneira compreensível para diferentes públicos são altamente valorizados.

À medida que a economia global adentra mais profundamente na era da informação, a abordagem das empresas em relação aos dados que coletam, armazenam e utilizam está passando por uma mudança de paradigma significativa.

A coleta e gestão da informação, em tempos passados, podia ser descrita como um território selvagem e essencialmente não regulamentado. No entanto, o cenário contemporâneo do mercado de trabalho sinaliza uma realidade muito diferente, na qual a preocupação com a ética e privacidade dos dados assumiu um papel de protagonista.

8.4   Proteção de dados.

As regulamentações ligadas à proteção de dados pessoais, particularmente o Regulamento Geral de Proteção de Dados (GDPR) da União Europeia, materializam um marco legal rígido que implica em responsabilidades e obrigações significativas para as empresas no que se refere ao tratamento de dados.

O GDPR, por exemplo, estabelece princípios fundamentais sobre o consentimento para coleta de dados, direitos de acesso e esquecimento por parte dos usuários, e transferência de dados para além das fronteiras da UE, entre outros.

Diante desse quadro normativo cada vez mais detalhado e complexo, há uma demanda crescente e urgente por profissionais especializados em privacidade e proteção de dados. Estes profissionais devem ter um amplo entendimento das leis atuais e serem capazes de interpretá-las e aplicá-las no contexto organizacional. Isso envolve não apenas assegurar a conformidade com diversas legislações, mas também a implementação de melhores práticas e a construção de uma cultura organizacional que valoriza a privacidade dos dados em todos os níveis.

O papel desses profissionais é estratégico e abrangente. Eles são encarregados de realizar auditorias de privacidade, avaliar riscos relacionados à proteção de dados, desenvolver políticas internas, treinar funcionários e até mesmo lidar com eventuais violações de dados. Essas tarefas exigem uma combinação de competências técnicas, legais e de gestão.

Um aspecto crucial dessas profissões é a expectativa de que os especialistas em privacidade de dados estejam em constante atualização, pois além das regulamentações existentes, novas leis e diretrizes estão sendo formuladas regularmente à medida que novos desafios da privacidade de dados emergem. Os profissionais dessa área precisam estar em dia com essas mudanças, o que implica em um compromisso contínuo com o aprendizado e desenvolvimento profissional.

O mercado de trabalho reflete essa demanda por meio da crescente oferta de cargos especializados como Privacy Officers, Data Protection Officers (DPOs), e consultores em privacidade de dados. A certificação em privacidade, como as oferecidas pela International Association of Privacy Professionals (IAPP), tornou-se uma qualificação valiosa para quem busca se estabelecer nesse campo.

Do ponto de vista educacional, as instituições de ensino estão adaptando seus currículos e criando novos programas interdisciplinares combinando direito, tecnologia da informação, segurança cibernética e ética. Além disso, as empresas tecnológicas e outras organizações que lidam com grandes volumes de dados estão investindo em equipe e recursos dedicados à privacidade e conformidade de dados como uma estratégia fundamental de negócio.

8.5   A questão da ética.

Adicionalmente, a questão ética em torno da coleta e uso de dados vem ganhando destaque. Diante das implicações sociais que as decisões baseadas em dados podem acarretar, o mercado está começando a valorizar profissionais que possam navegar o delicado equilíbrio entre o aproveitamento dos dados e o respeito à individualidade e aos direitos humanos.

Portanto, no atual mercado de trabalho, a convergência entre ética, tecnologia e lei não é apenas uma tendência, mas uma realidade concreta que está influenciando a forma como as organizações planejam suas estratégias futuras e constroem suas equipes. Os profissionais que possuem as habilidades necessárias para traduzir requisitos legais complexos em práticas empresariais tangíveis são indispensáveis.

Eles atuam não só como guardiões da conformidade e da integridade corporativa, mas também como facilitadores de um ambiente de dados que honra a confiança dos indivíduos e impulsiona a inovação responsável. Este profissional é alguém que navega por águas regulatórias com a mesma facilidade que aplica soluções tecnológicas; são construtores de pontes entre o que é legalmente exigido e o que é tecnicamente possível, assegurando que a fronteira digital permaneça respeitosa com os direitos dos usuários e lucrativa para as empresas.

A necessidade de tais habilidades não está confinada a qualquer setor específico; ela transcende indústrias e geografias, afetando desde startups a corporações multinacionais. Cada empresa que coleta, processa ou armazena dados pessoais deve atender a expectativas legais e sociais, tornando o especialista em proteção de dados um elemento essencial de sua estrutura organizacional.

Figura 31 - Ética na era dos dados: um novo tipo de compliance?

Além da proteção de dados, os profissionais do setor devem também navegar pelos desafios éticos intrincados que surgem com o avanço tecnológico. Eles devem ser capazes de analisar o impacto potencial de algoritmos de machine learning e inteligência artificial na sociedade e nos indivíduos, especialmente no que diz respeito à justiça, viés e discriminação. Esse reconhecimento e a capacidade de lidar com questões éticas inerentes à tecnologia estão rapidamente se tornando tão importantes quanto as competências técnicas e legais.

A responsabilidade por criar sistemas e práticas em conformidade com altos padrões éticos e legais não recai apenas sobre esses especialistas. Há também uma crescente demanda por lideranças empresariais - de CEOs a gerentes de equipe - que entendam e valorizem a importância da gestão responsável de dados. Eles devem ser capazes de orientar suas organizações a operar com transparência, integridade e respeito pela privacidade de dados em todas as atividades comerciais.

Em última análise, a evolução do mercado de trabalho direcionada pela ética dos dados reflete um movimento mais amplo na sociedade. Está surgindo um novo contrato social para a era digital, um acordo implícito que demanda das empresas respeito às informações que coletam, transparência em suas práticas de coleta e uso, e um compromisso com a proteção da privacidade dos indivíduos.

Os profissionais que se especializam na interseção da ética de dados, conformidade legal e inovação tecnológica ocupam uma posição única para liderar esse movimento e ajudar a definir as normas de uma nova era. Eles são os responsáveis por desenhar as políticas, os sistemas e as culturas que irão garantir que a tecnologia sirva o bem comum, respeitando ao mesmo tempo os imperativos comerciais e regulatórios.

À medida que a demanda por esses profissionais cresce, um fato se torna claro: a privacidade de dados e a ética não são mais um adendo à estratégia de negócios; elas são uma parte integral dela. Em um mundo onde os dados são o novo petróleo, garantir sua gestão responsável não é apenas uma estratégia defensiva para minimizar riscos, mas uma forma proativa de gerar confiança e construir uma reputação sólida em um mercado cada vez mais consciente.

Desse modo, investir em talentos qualificados para abordar essas questões vitais é uma decisão estratégica que pode diferenciar uma organização e posicioná-la como uma líder no respeito à privacidade de dados e na responsabilidade corporativa.

Os profissionais com habilidades nesse domínio, por conseguinte, encontrarão um mercado de trabalho receptivo e em expansão, com oportunidades significativas de impactar positivamente as práticas de negócios e contribuir para um ambiente digital mais seguro e ético para todos.

Além disso, a colaboração entre diferentes áreas de conhecimento também é uma tendência cada vez mais importante. A coleta, preservação e uso da informação são práticas multidisciplinares que envolvem conhecimentos da Ciência da Informação, Tecnologia da Informação, Psicologia, Sociologia, entre outras áreas. Profissionais que possuem uma visão ampla e são capazes de trabalhar em equipes multidisciplinares são altamente valorizados, pois são capazes de integrar diferentes perspectivas e conhecimentos para obter resultados mais robustos e inovadores.

8.6   Profissões em alta.

As questões abordadas neste livro trazem à luz dos holofotes profissões com forte direcionamento para um mercado de trabalho que precisa cada vez mais de profissionais que consigam entender e navegar o terreno complexo dos dados, sua análise, segurança, e o contexto regulatório e ético que os circunda.

A demanda por esses papéis tende a crescer à medida que mais empresas enfrentam a tarefa de integrar regulamentos de privacidade de dados cada vez mais rigorosos em suas operações, fazendo com que o conhecimento especializado nesses campos seja altamente valorizado.

1. Cientista de Dados. Profissionais especializados em usar métodos científicos, processos e algoritmos para extrair conhecimento e insights de dados estruturados e não estruturados. Cientistas de dados aplicam conhecimentos estatísticos, de mineração de dados e de machine learning para resolver problemas complexos em diversos domínios de negócio.

2. Analista de Dados. Indivíduos encarregados de transformar dados em informações que podem oferecer formas de melhorar negócios, tomando decisões mais inteligentes e fundamentadas. Utilizam técnicas analíticas para coletar, processar e realizar análise estatística dos dados.

3. Engenheiro de Dados. Especialistas que projetam, constroem, testam e mantêm os sistemas de dados das empresas. Sua função inclui a preparação de "big data" para análise por cientistas de dados e a construção de algoritmos e protótipos.

4. Especialista em Inteligência Artificial (IA) e Machine Learning (ML). Profissionais que criam sistemas capazes de aprender a partir dos dados e realizar tarefas que, tradicionalmente, exigiriam inteligência humana. Eles são fundamentais na criação de modelos preditivos e na automação de processos.

5. Data Protection Officer (DPO). Este profissional é essencial em organizações que processam uma grande quantidade de dados pessoais. O DPO garante que a organização aplique as leis de proteção de dados de forma adequada, conduz auditorias de privacidade e serve como ponto de contato entre a empresa e os reguladores.

6. Especialista em Segurança Cibernética. Encarregados de proteger os sistemas de TI contra ataques cibernéticos, estabelecendo políticas de segurança e administrando defesas contra intrusões digitais e v azamentos de dados. Estes profissionais monitoram os sistemas para prevenir e reagir a incidentes de segurança, garantindo a integridade, a confidencialidade e a disponibilidade dos dados.

7. Analista de Privacidade de Dados. Esse especialista foca em garantir que as políticas e práticas de coleta, armazenamento, processamento e compartilhamento de dados estejam em conformidade com os regulamentos de privacidade. Eles também trabalham no desenvolvimento de estratégias para a implementação de sistemas que protejam as informações do usuário.

8. Consultor de Conformidade Regulatória. Profissionais que auxiliam as empresas a entender e a seguir as leis e regulamentações pertinentes à sua indústria, especialmente aquelas relacionadas à proteção de dados. Eles realizam auditorias de conformidade e aconselham sobre as melhores práticas para evitar penalidades legais e danos à reputação.

9. Especialista em Governança de Dados. Eles são responsáveis por desenvolver e implementar políticas e procedimentos que assegurem a gestão adequada dos dados dentro de uma organização. Essa função também envolve a promoção de padrões de qualidade de dados e o apoio à tomada de decisão baseada em dados.

10. Gerente de Ética em AI. Um papel emergente centrado em garantir que as soluções de inteligência artificial sejam desenvolvidas e implementadas de maneira ética. Este profissional trabalha na interseção entre a técnica e os princípios morais, orientando o desenvolvimento de algoritmos isentos de vieses e discriminatórios.

9 CONCLUSÃO.

Fica evidente a profunda interconexão entre informação, ciência, tecnologia e profissão. Ao longo das páginas, exploramos a importância da capacidade humana de lidar e compreender as inovações da ciência da informação. Percebemos que, em um mundo em constante transformação, é fundamental desenvolver habilidades que nos permitam navegar com sucesso nesse cenário complexo e repleto de possibilidades.

A ciência da informação desempenha um papel central nessa jornada. É por meio dela que conquistamos conhecimento, compartilhamos ideias e rompemos as barreiras do tempo e do espaço. A tecnologia, por sua vez, é o veículo que impulsiona essa evolução, dando forma às nossas aspirações e permitindo que a informação flua de maneiras antes inimagináveis.

No entanto, não podemos perder de vista a importância do ser humano nesse contexto. As inovações tecnológicas são poderosas ferramentas, mas são as habilidades, os valores e o caráter do indivíduo que determinam como elas serão utilizadas. A ética, a empatia e a consciência social são elementos cruciais para garantir que a ciência da informação seja usada para o bem comum, para o avanço da humanidade como um todo.

Compreender a interligação entre informação, ciência, tecnologia e profissão é essencial para enfrentar os desafios do mundo contemporâneo. À medida que novas profissões surgem e outras se modificam, é necessário estar aberto à aprendizagem contínua, à adaptação e à resiliência. A capacidade de se manter atualizado e aproveitar as oportunidades oferecidas por essa era de transformação é um diferencial crucial.

Enquanto avançamos em direção a um futuro cada vez mais tecnológico, é essencial valorizar nossa humanidade. A tecnologia deve ser uma aliada, e não uma substituta, das relações e das experiências humanas genuínas. O contato face a face, a conexão emocional e a criatividade são essenciais para moldar um mundo equilibrado e sustentável.

Este livro busca inspirar e encorajar o leitor a abraçar a dinâmica da informação, ciência, tecnologia e suas profissões como oportunidades de crescimento pessoal e coletivo. O conhecimento apresentado nestas páginas serve como um guia para uma jornada de descobertas e transformações, onde o indivíduo é capacitado a enfrentar os desafios e aproveitar as vantagens proporcionadas pela era da informação.

Podemos concluir que a evolução da ciência da informação e da tecnologia continuará a trazer mudanças significativas em todos os aspectos de nossas vidas. É fundamental não apenas nos adaptarmos a essas mudanças, mas também influenciá-las de forma consciente e responsável. Devemos buscar conhecimento, desenvolver habilidades críticas e éticas, e trabalhar em conjunto para moldar um futuro sustentável e inclusivo.

Em última análise, a interseção da informação, ciência, tecnologia e profissão é o cenário no qual construímos e redefinimos constantemente o nosso mundo. Ao compreendermos e abraçarmos essa interconexão, estamos preparados para enfrentar as oportunidades e desafios que a era da informação nos apresenta.

Que este livro seja um ponto de partida para uma jornada de aprendizado contínuo, inovação e aprimoramento, onde a informação, a ciência, a tecnologia e a profissão se unem de forma sinérgica para impulsionar o progresso humano. Sejamos agentes ativos nessa era de transformação, utilizando nossa criatividade, empatia e conhecimento para moldar um futuro melhor para todos.

10 GLOSSÁRIO.

1. Accountability. Prestação de contas. É a definição dos objetos sobre as quais se prestarão contas juntamente com a sua responsabilização, vem juntamente com a transparência das ações que gera confiança entre os governantes e a sociedade.

2. Acesso e segurança. Os metadados devem conter informação suficiente para que sejam determinados os perfis de acesso aos dados. Deve-se poder identificar que usuários podem ler, atualizar, excluir ou inserir dados na base. Deve haver, também, informações sobre quem gerencia estes perfis de acesso e como se fazer contato com o Administrador da Base de Dados.

3. Acesso Remoto. É a capacidade de acessar informações ou sistemas de um local remoto, utilizando redes ou tecnologias como VPN (Virtual Private Network).

4. Acesso Restrito. Restrição de acesso aos dados somente às pessoas autorizadas, garantindo a segurança e a privacidade das informações.

5. Análise de Dados. É o processo de examinar, limpar, transformar e modelar dados a fim de descobrir informações úteis, tendências e padrões. A análise de dados ajuda a tomar decisões informadas e a extrair insights valiosos.

6. Análise de Texto. É o processo de extrair informações significativas de um texto, como temas, sentimentos, entidades mencionadas ou tendências, por meio de técnicas computacionais.

7. Analytics: Processo de análise e interpretação de dados para identificar padrões, tendências e insights importantes que podem ser usados para tomar decisões informadas e melhorar o desempenho dos negócios.

8. Anonimização. Tornar um dado anônimo não sendo possível associá-lo a uma pessoa. Esta prática é usual quando se trata de dado sigiloso.

9. Anonimização. Processo de remoção de dados pessoalmente identificáveis para garantir a privacidade e a conformidade com regulamentações.

10. ANSI. American National Standard Comittee on Information Processing. Grupo de fabricantes de Softwares responsáveis pela padronização dos softwares básicos, seus conceitos e linguagens.

11. Aplicação. (ver Sistema).

12. Aprendizado de Máquina. É uma área da inteligência artificial que envolve o desenvolvimento de algoritmos capazes de aprender e melhorar com base em dados. Os modelos de aprendizado de máquina são treinados para fazer previsões ou classificações com base em exemplos passados.

13. Área temática. É a divisão da empresa em áreas de negócio, que definem a gestão dos objetos de dados da Enciclopédia.

14. Armazenamento. Manutenção adequada dos dados em um sistema seguro e confiável para garantir sua preservação.

15. Arquiteto de informação. Profissional analista de sistemas que atua como modelador da informação que estará presente no data mart.

16. Arquitetura da Informação. É o design e a organização estrutural de sistemas de informação, como sites e aplicativos, visando facilitar a navegação e a compreensão das informações pelos usuários.

17. Atualização de dados. O histórico das atualizações normalmente é mantido pelo próprio banco de dados, mas definir um elemento de metadado, indicando as datas de atualização dos dados, pode ajudar o usuário no momento de verificar a atualidade dos dados e a consistência da dimensão tempo do Data Warehouse.

18. Auditoria. Verificação regular da qualidade e precisão dos dados, identificando eventuais problemas ou erros.

19. Backup. É o processo de cópia de segurança dos dados armazenados, a fim de garantir sua integridade e disponibilidade em caso de perdas ou falhas.

20. Banco de Dados: Um conjunto organizado de informações relacionadas, geralmente armazenadas eletronicamente. Um banco de dados é projetado para permitir a recuperação, atualização e análise eficiente dessas informações.

21. Bibliometria. É o uso de métodos quantitativos para analisar a produção científica, como contagem de citações, índices de impacto e análise de coautoria. Ajuda a avaliar a visibilidade e a influência da pesquisa.

22. Big Data: Termo usado para descrever um grande volume de dados complexos que é difícil de ser processado e analisado usando métodos tradicionais. O Big Data envolve a coleta, armazenamento, análise e interpretação desses dados para obter insights e tomar decisões informadas.

23. Brainstorm. Forma de condução de trabalho em grupo para geração de ideias, com um mesmo objetivo e coordenação, que se caracteriza pela formulação oral das mesmas sem preocupação com lógica ou autocensura.

24. Brainwriting. Forma de condução de trabalho em grupo para geração de ideias, com um mesmo objetivo e coordenação, que se caracteriza pela formulação escrita das mesmas sem preocupação com lógica ou autocensura.

25. Business Intelligence. Conjunto de teorias, metodologias, processos, tecnologias e estruturas que transformam grandes quantidades de dados que, sozinhos, não significam muito, em informações essenciais para uma boa gestão.

26. Caminho de Acesso. (ou acesso lógico) é o meio pelo qual se lê, exclui ou altera uma tupla de uma relação de atributos.

27. Cardinalidade. (ou grau de Relacionamento) indica o número de associações existentes entre duas ou mais Entidades.

28. Caso de teste. Conjunto de condições usadas para testar um caso de uso.

29. Caso de uso. Técnica de modelagem usada para descrever o que um novo data mart deve fazer. Ele é construído baseado nos requisitos funcionais do projeto. Normalmente se refere a uma interface do projeto.

30. Catalogação. Organização dos dados em um catálogo ou diretório, permitindo uma rápida identificação e recuperação das informações.

31. Catálogo de informação. Informações fornecidas pelos modelos de dados. Devem conter informações suficientes para que se extraia o conhecimento armazenado nas bases de dados da Organização. Descrição da informação, local lógico de armazenamento (owner, tabela, objeto geográfico, data mart...), local físico de armazenamento, responsável pela atualização dos dados que compõem a informação, validade e correlação com outras informações.

32. Checklist. É um instrumento de controle, composto por um conjunto de condutas, nomes, itens ou tarefas que devem ser lembradas e/ou seguidas. Uma lista de verificações.

33. Cibersegurança. É a proteção das informações e sistemas computacionais contra ataques cibernéticos, como malware, hackers e roubo de dados.

34. Ciclo de Vida dos Dados. Processo que engloba desde a coleta até o descarte dos dados, considerando sua utilidade e relevância ao longo do tempo.

35. Ciência da Informação. É uma disciplina que estuda os processos de criação, organização, recuperação e uso da informação, com o objetivo de melhorar a forma como as informações são organizadas e acessadas.

36. Cobertura. Abrangência geográfica ou temporal de um dado.

37. Coleta. Processo de reunir dados de diferentes fontes, sejam eles estruturados ou não estruturados.

38. Compartilhamento. Facilitação do acesso controlado aos dados entre diferentes usuários e sistemas, garantindo a colaboração e a troca de informações.

39. Controle de qualidade. Medição do quanto um item está de acordo com suas especificações.

40. Cronograma. Instrumento de planejamento e controle em que são definidas e detalhadas as atividades e tarefas a serem executadas durante um período estimado de tempo.

41. Curadoria de Dados:

42. Curadoria Digital. É o processo de seleção, organização e preservação de conteúdo digital de valor para garantir sua acessibilidade e usabilidade a longo prazo.

43. Dado público. Qualquer dado gerado ou sob a guarda governamental que não tenha o seu acesso restrito por legislação específica.

44. Dado. Sequência de símbolos ou valores, representados em algum meio, produzidos como resultado de um processo natural ou artificial. Entende-se que dados são observações ou o resultado de uma medida (por investigação, cálculo ou pesquisa) de aspectos característicos da natureza, estado ou condição de algo de interesse, que são descritos através de representações formais e, ao serem apresentados de forma direta ou indireta à consciência, servem de base ou pressuposto no processo cognitivo.

45. Dados pessoais. Dados privativos de cada pessoa.

46. Dados sigilosos. São os dados submetidos temporariamente à restrição de acesso público em razão de sua imprescindibilidade para a segurança da sociedade e do Estado".

47. Data Archiving. É o processo de mover dados antigos ou pouco utilizados para um local de armazenamento de longo prazo, liberando espaço em sistemas mais ativos e mantendo a conformidade com regulamentações.

48. Data Cleansing. É o processo de identificar e corrigir erros, inconsistências e dados duplicados nos bancos de dados, garantindo a qualidade e confiabilidade das informações.

49. Data Dictionary. É um documento ou sistema que contém uma descrição detalhada dos dados, incluindo seu significado, formato, origem, relacionamentos e regras de negócio associadas.

50. Data Governance Council. É um comitê responsável por estabelecer políticas, diretrizes e padrões relacionados à governança de dados em uma organização, garantindo a sua conformidade e qualidade.

51. Data Governance Framework. É uma estrutura que estabelece os componentes, princípios, processos e métricas para implementar uma governança de dados efetiva e sustentável em uma organização.

52. Data Governance. É o conjunto de políticas, processos e procedimentos para gerenciar, proteger e garantir a qualidade dos dados de uma organização, assegurando sua conformidade com leis e regulamentações.

53. Data Mart. É um subconjunto de um data warehouse que contém dados específicos, segmentados e organizados para atender às necessidades de um determinado departamento ou área de negócio.

54. Data Mart. É um subconjunto de um data warehouse que contém dados específicos, segmentados e organizados para atender às necessidades de um determinado departamento ou área de negócio.

55. Data mart. Modelo dimensional composto de fatos e dimensões relativos a um segmento temático de informação em um data warehouse.

56. Data Migration. É o processo de transferência de dados de um sistema antigo para um novo, geralmente envolvendo etapas de limpeza, conversão e validação dos dados.

57. Data Mining. É a prática de explorar grandes conjuntos de dados em busca de padrões, tendências e informações úteis que podem ser utilizadas para tomadas de decisão estratégicas.

58. Data Ownership. Refere-se à atribuição de responsabilidade e propriedade dos dados a indivíduos ou departamentos dentro de uma organização, garantindo sua gestão adequada e proteção.

59. Data Privacy. Refere-se às práticas e regulamentações de proteção da privacidade dos dados pessoais, garantindo que as informações sejam coletadas, armazenadas e utilizadas de forma segura e consentida.

60. Data Profiling. É a análise exploratória dos dados, identificando seu formato, estrutura, distribuição e qualidade, a fim de entender sua relevância e adequação para determinadas análises e decisões.

61. Data Profiling. É a análise exploratória dos dados, identificando seu formato, estrutura, distribuição e qualidade, a fim de entender sua relevância e adequação para determinadas análises e decisões.

62. Data Stewardship. É o processo de designar indivíduos responsáveis pela gestão, controle e governança dos dados em uma organização, garantindo sua qualidade, integridade e conformidade com políticas e regulamentações.

63. Data Strategy. É um plano estratégico que define os objetivos, diretrizes e prioridades relacionados ao gerenciamento e uso dos dados em uma organização, alinhando-se com a visão e os objetivos estratégicos.

64. Data Visualization. É a representação gráfica dos dados, por meio de gráficos, tabelas e outros elementos visuais, para facilitar a compreensão e a identificação de padrões e tendências.

65. Data Warehouse. É um repositório centralizado que armazena grandes quantidades de dados de diferentes fontes, permitindo consultas e análises avançadas para auxiliar na tomada de decisões.

66. Data Warehouse. Um data warehouse (ou armazém de dados, ou depósito de dados) é um sistema de computação utilizado para armazenar informações relativas às atividades de uma organização em bancos de dados, de forma consolidada.

67. Dataset. Conjunto de dados. É o arquivo gerado a partir da base de dados original. Precisa seguir normas e padrões de dados abertos para que sua publicação seja aceita no Portal.

68. Definições de negócio. Estas definições são as informações mais importantes contidas nos metadados. Cada elemento de dado deve ser suportado por uma definição do mesmo no contexto da Área de Negócio. O método de manutenção destas informações também deve ser muito consistente, de forma que o usuário possa obter facilmente definições para as informações desejadas. Nestas definições devem ser evitadas referências a outros metadados que necessitem de uma segunda pesquisa para melhor entendimento.

69. Demandante. Pessoa que solicita parte ou o todo de um projeto de data warehouse.

70. Dicionário de dados. Acervo que descreve e define o significado de todos os dados que compõem o universo de informação de um sistema e permite fazer a verificação de consistência entre os vários modelos.

71. Dicionarização. O registro detalhado dos elementos persistentes que compõem um universo pré-definido.

72. Direito Autoral. São leis que protegem os direitos dos criadores de obras intelectuais, como textos, imagens, músicas e softwares. Regulam o uso, a reprodução e a distribuição dessas obras.

73. Ecologia da Informação. É o estudo das interações complexas entre as informações, os sistemas e os usuários em um ambiente específico. Analisa como o ambiente afeta a criação, uso e disseminação da informação.

74. Economia da Informação. Examina os aspectos econômicos relacionados à produção, distribuição e consumo de informações. Envolve tópicos como mercado de dados, monetização de informações e impacto econômico da informação.

75. Elemento persistente. Todo elemento que seja parte integrante de um modelo. Pode ser entidade, classe ou outra estrutura utilizada para representar a persistência de dados.

76. Engenharia de Software. É o processo de desenvolvimento, teste e manutenção de software. Envolve a aplicação de princípios de engenharia para criar sistemas de software confiáveis, eficientes e seguros.

77. Enriquecimento. Adição de informações adicionais aos dados existentes para melhorar sua qualidade e contexto.

78. Equipe de projeto. Profissionais que atuam integradamente em um projeto.

79. Equipe de trabalho. Ver equipe de projeto.

80. Especificação Funcional. Descrição lógica de uma Função Empresarial.

81. Estabilidade. Conceito utilizado para Banco de Dados, que atende as alterações na aplicação sem comprometer a estrutura física do mesmo.

82. Ética da Informação. Refere-se aos princípios morais e às responsabilidades relacionadas ao uso, acesso, divulgação e manipulação de informações. Envolve questões como privacidade, segurança e acesso equitativo às informações.

83. ETL (Extract, Transform, Load). É o processo de extrair dados de diversas fontes, transformá-los de acordo com regras de negócio e carregá-los em um local de destino, como um data warehouse.

84. Ferramenta OLAP. Online Analytical Processing. É uma ferramenta que disponibiliza a seu usuário a capacidade para manipular e analisar um grande volume de dados sob múltiplas perspectivas.

85. Ferramentas. Software e/ou aplicativos através dos quais são gerados produtos de forma automática.

86. Firewall. É uma barreira de segurança que monitora e controla o tráfego de rede, filtrando pacotes de dados com base em regras pré-definidas. Ajuda a proteger uma rede contra acesso não autorizado.

87. Fluxo de Informação. É o movimento contínuo de informações entre diferentes fontes, usuários e sistemas. Envolve processos de criação, transmissão, armazenamento e uso da informação.

88. Fonte de Informação. Refere-se a qualquer meio ou recurso que fornece informações, como livros, artigos, sites, bancos de dados, entre outros.

89. Fontes de dados. São os dados normalmente provenientes de sistemas transacionais e que devem ser extraídos e carregados na Área de Transporte de Dados (Área Intermediária ou Stage). Fontes de dados estruturadas de outras formas e dados de fontes externas à empresa também podem vir a ser considerados.

90. Formato dos dados. Todo elemento de dados deve ter identificado seu tamanho e tipo de dado.

91. Gerenciamento da Informação: O processo de coletar, organizar, armazenar, recuperar e disseminar informações de maneira eficiente e eficaz, garantindo sua integridade, segurança e acessibilidade.

92. Gerenciamento de projetos. Aplicação de conhecimentos, habilidades, ferramentas e técnicas às atividades do projeto a fim de cumprir seus requisitos.

93. Gestão do Conhecimento. É o processo de identificação, captura, armazenamento e compartilhamento de conhecimento dentro de uma organização, visando melhorar o desempenho e promover a inovação.

94. Gestão do Tempo do projeto. Inclui os processos necessários para alcançar a conclusão do projeto a tempo.

95. Gestão dos Riscos do projeto. Inclui os processos relacionados com o planejamento da gestão de riscos, a identificação e a análise de riscos, as respostas aos riscos e o seguimento e controle de riscos de um projeto.

96. Gestor de dados. Profissional da instituição publicadora responsável por estabelecer as diretrizes do processo de abertura na instituição.

97. Governança de Dados. Conjunto de políticas, procedimentos e práticas para garantir a qualidade, confiabilidade e conformidade dos dados.

98. Governança de Dados. É o conjunto de processos, políticas e diretrizes para garantir o gerenciamento adequado e eficaz dos dados em uma organização. Envolve a definição de responsabilidades, políticas de qualidade, conformidade e segurança dos dados.

99. Governança. A governança dos assuntos de qualquer instituição, incluindo instituições não governamentais.

100. Histórico. Registro das alterações em um artefato, em uma tabela, no projeto, no data mart ou no data warehouse.

101. Homologação. Comprovação, pelo cliente e demais partes interessadas, de que o produto resultante do projeto de software atende aos critérios de aceite previamente estabelecidos com ele. Inclui elementos de verificação e de validação do produto todo ou de partes do produto selecionadas em comum acordo com o cliente e tem como meta principal a obtenção do aceite do produto.

102. Hospedagem de dados. Estrutura de tecnologia responsável por armazenar dados. Um banco de dados exerce esta função.

103. Identificação. Concatenação de palavras e formas-curtas, naturais ou derivadas, que cumprem a função de distinguir, genérica ou especificamente, o objeto de dado e transmitir seu significado.

104. Indexação. É o processo de atribuir termos de indexação ou palavras-chave a documentos para facilitar sua identificação e recuperação. É um passo importante na organização e busca da informação.

105. Indicadores de qualidade de dados. Podem ser criados índices de qualidade baseados na origem do dado, número de processamentos feito sobre este dado, valores atômicos X valores sumariados, nível de utilização do dado etc.

106. Informação: Dados que foram processados, organizados e interpretados de maneira significativa, resultando em conhecimento ou compreensão.

107. Infraestrutura de TI. Refere-se ao conjunto de equipamentos, sistemas e redes necessários para suportar operações de tecnologia da informação em uma organização, como servidores, dispositivos de armazenamento e cabos de rede.

108. Integração. Combinação de diferentes conjuntos de dados para criar uma visão unificada e completa.

109. Integridade. Refere-se à qualidade dos dados, garantindo que eles estejam livres de erros, inconsistências e duplicidades.

110. Inteligência Artificial: É uma área da ciência da computação que se concentra na criação de sistemas ou máquinas capazes de realizar tarefas que geralmente requerem inteligência humana. Envolve habilidades como aprendizado, raciocínio, reconhecimento de padrões e tomada de decisões.

111. Inteligência Artificial: Um campo da ciência da computação que desenvolve sistemas e programas capazes de realizar tarefas que geralmente requerem inteligência humana, como reconhecimento de padrões, tomada de decisões e aprendizado.

112. Interação Humano-Computador. É o campo de estudo que se concentra na concepção e no desenvolvimento de sistemas computacionais que sejam fáceis de usar e interajam de forma eficaz com pessoas. Envolve a compreensão das necessidades e comportamentos dos usuários para criar interfaces intuitivas e eficientes.

113. Limpeza. Etapa de tratamento dos dados, removendo informações redundantes, inconsistentes ou incompletas.

114. Linguística Computacional. É o estudo e o desenvolvimento de algoritmos e sistemas para automatizar o processamento de linguagem natural, incluindo tarefas como reconhecimento de fala, tradução automática e análise de sentimentos.

115. Literacia Informacional. É a capacidade de localizar, avaliar, usar e comunicar informações de forma efetiva. Promove habilidades de pesquisa, pensamento crítico e tomada de decisão informada.

116. Machine Learning. É uma técnica de IA que permite aos sistemas aprenderem a partir de dados sem serem explicitamente programados. Os modelos de machine learning são treinados para reconhecer padrões e tomar decisões com base nesses padrões.

117. Master Data. São os dados fundamentais e centrais de uma organização, como clientes, produtos, fornecedores, que são compartilhados e utilizados em diferentes sistemas e processos.

118. Matriz de rastreabilidade. Diagrama que contrapõe elementos que se mapeiam.

119. Metadado. Os dados, especialmente os dados digitais, assumem muitas formas. As conversas por voz, as mensagens de texto ou as redes sociais comunicam dados. As transações digitais bancárias ou comerciais envolvem a transferência de dados. Conteúdo na web, entretenimento digitalizado e transferido, bancos de dados e repositórios de informações de todos os tipos são exemplos de publicações de dados. Os metadados descrevem o que são esses dados. Eles fornecem informações sobre esses dados. Isso é bastante simples. No entanto, se analisarmos isso em detalhe, descobrimos que "descrever" os dados é um exercício técnico rigoroso e um problema carregado de implicações sociopolíticas.

120. Metadados. Informações descritivas sobre os dados, como sua origem, formato, conteúdo e significado.

121. Metadados. São informações adicionais que descrevem os dados, como seu significado, origem, formato e relacionamentos, facilitando o entendimento e o uso adequado das informações.

122. Metadados. São informações descritivas que descrevem os atributos e características de um recurso de informação, como título, autor, data de criação, formato, entre outros.

123. Metodologia. Conjunto estruturado de práticas que pode ser repetível durante o processo de produção de software.

124. Mineração de Dados. É o processo de encontrar padrões, relações e informações úteis em grandes quantidades de dados. Envolve técnicas como extração, transformação e análise de dados.

125. Modelagem de dados. Consiste na Análise e Planejamento dos dados que irão compor o Banco.

126. Monitoramento. Acompanhamento contínuo dos dados para identificar mudanças, tendências e eventos importantes.

127. Negociação. Implica debater com outros para entender-se com eles ou chegar a um acordo.

128. Normalização. Processo de organização dos dados em estruturas padronizadas, eliminando redundâncias e inconsistências, visando melhorar a eficiência e a integridade dos bancos de dados.

129. Normalização. Processo de transformação dos dados em um formato padrão para facilitar a comparação e a análise.

130. Ontologia. É um modelo conceitual que representa a estrutura de conhecimento em uma determinada área. Uma ontologia descreve as classes, as propriedades e as relações entre os conceitos dentro de um domínio específico.

131. Organização da Informação. Refere-se ao processo de classificação, categorização e estruturação das informações para facilitar sua recuperação e uso eficiente.

132. Organização. Organização sistemática dos dados de maneira lógica e acessível para facilitar consultas e análises futuras.

133. Organograma. Gráfico que representa a estrutura formal de uma organização. Ou seja, é a representação gráfica clássica de uma estrutura organizacional.

134. Origem dos dados. Todo elemento de dado precisa ter identificado, sua origem ou o processo que o gera. Esta identificação é muito importante no caso de se necessitar saber informações sobre a fonte geradora do dado. Esta informação deve ser única, ou seja, cada dado deve ter uma e somente uma fonte de origem.

135. Padronização. Estabelecimento de regras e convenções para uniformizar a estrutura e o formato dos dados.

136. Planejamento. Fase do ciclo de vida de um projeto composta por processos para planejar e administrar com sucesso um projeto; para isto, desenvolvem o Plano de gestão, que inclui principalmente o alcance do projeto, seus custos, as atividades a serem desenvolvidas, os recursos humanos e materiais necessários, as comunicações necessárias, os riscos a serem enfrentados, a qualidade a ser garantida e as necessidades de aquisições e compras.

137. Plano de Ação. Documento que descreve o que será feito, em que prazo, por quem.

138. Plano de projeto. Documento que formaliza todo o planejamento para executar, controlar e encerrar o projeto. Através dele é possível saber qual o objetivo do projeto, quais os custos e tempo estimados, quais recursos serão envolvidos para sua execução, e muito mais.

139. Plano. Documento que descreve em linhas gerais como um objetivo será alcançado e o que será necessário para alcançá-lo.

140. PMI. Project Management Institute. É uma organização sem fins lucrativos que tem o objetivo de disseminar as melhores práticas de gerenciamento de projetos em todo o mundo.

141. Premissa. Fatores associados ao escopo do projeto que, para fins de planejamento, são assumidos como verdadeiros, reais ou certos, sem a necessidade de prova ou demonstração.

142. Preservação da Informação. Envolve ações para garantir a longevidade e a acessibilidade das informações ao longo do tempo, protegendo-as contra perda, deterioração ou obsolescência tecnológica.

143. Prestação de serviço. Um dos três eixos sustentadores do Governo Aberto. Aprimora a eficácia do Estado, encorajando a cooperação entre a sociedade, os diferentes níveis de governo e a iniciativa privada.

144. Privacidade de Dados: O direito e as medidas tomadas para proteger as informações pessoais de indivíduos, garantindo que esses dados sejam coletados e usados de acordo com as leis e regulamentos aplicáveis, com respeito à privacidade e segurança dos dados pessoais. Isso inclui práticas de consentimento informado, anonimização, criptografia e controle de acesso aos dados pessoais.

145. Procedimento. Descrição passo-a-passo de uma sequência de tarefas para a realização de uma atividade. Descreve tarefas a serem executadas e identifica regras para desenvolvê-las.

146. Processo iterativo. Em um contexto de ciclo de vida de software, é o tipo de processo que envolve o gerenciamento de uma cadeia de versões (releases) executáveis.

147. Processo. É um conjunto de ações e atividades inter-relacionadas levadas a cabo para alcançar um conjunto previamente definido de produtos, resultados ou serviços.

148. Produto. Um artigo produzido que é quantificável e que pode ser um elemento terminado ou um componente.

149. Projeto. Esforço temporal levado a cabo para criar um produto, serviço ou resultado único.

150. Qualidade de Dados. Representa o nível de precisão, completude, consistência e atualidade dos dados, garantindo sua confiabilidade e utilidade nas tomadas de decisão.

151. Qualificação. Componente semântico de um nome que, aplicado às identificações, sentenças ou classes de atributos, refina o significado fornecido pelo objeto de dados a que se aplica, através de sucessiva especificação de propriedades, até que se possa distinguir univocamente o objeto de dados pelo nome assim composto.

152. Rastreabilidade. Registro completo e detalhado do histórico e das transformações sofridas pelos dados ao longo do tempo.

153. Recuperação da Informação. É o processo de encontrar e fornecer informações relevantes a partir de uma coleção de dados. Inclui técnicas de indexação, busca e recuperação de informações.

154. Recursos. Recursos humanos especializados, equipes, serviços, fornecimentos, matérias primas, materiais, orçamentos ou recursos necessários para realizar as atividades do cronograma.

155. Redes Sociais. São plataformas online que permitem que indivíduos se conectem, compartilhem informações e interajam virtualmente. Exemplos incluem Facebook, Twitter e linkedin.

156. Referência. Aproveitamento do nome de outro objeto de dado para utilização como identificação.

157. Regras de transformação. São consideradas como sendo as Regras de Negócio codificadas. Estas regras são geradas no momento da extração, limpeza e agrupamento dos dados dos Sistemas Operacionais. Cada regra de transformação codificada deve estar associada a um elemento de Metadado. Se mais de uma aplicação contiver a mesma regra de transformação, deverá ser garantido que estas sejam idênticas.

158. Repositório Institucional. É um sistema usado para armazenar, preservar e disponibilizar a produção intelectual de uma instituição, como artigos científicos, teses, dissertações e relatórios.

159. Resolução de problemas. Implica tanto a definição do problema (causas e sintomas) quanto a tomada de decisões (analisar o problema para identificar soluções viáveis e tomar uma decisão).

160. Restrição. Limitações impostas ao projeto.

161. Resultado. Saídas ou documentos gerados a partir de uma fonte de informação.

162. Road Map. Ferramenta de planejamento que tem a função de mapear o caminho a ser percorrido para obtenção do resultado esperado em um projeto.

163. Segurança da Informação. Engloba medidas e protocolos para proteger os dados contra acessos não autorizados, perdas, adulterações e violações de privacidade.

164. Segurança da Informação: Medidas e práticas adotadas para proteger a informação contra acesso não autorizado, uso indevido, divulgação, modificação ou destruição, garantindo sua confidencialidade, integridade e disponibilidade.

165. Sistemas de informação corporativos. Sistemas de informação que são utilizados por várias áreas.

166. Sistemas de Informação. Um sistema, automatizado ou manual, que compreende pessoas, máquinas, e/ou métodos organizados para coletar, processar, transmitir e disseminar dados que representam informação para o usuário. Oracle é um sistema de banco de dados que surgiu no final dos anos 70, quando Larry Ellison vislumbrou uma oportunidade que outras companhias não haviam percebido ao encontrar a descrição de um protótipo funcional de um banco de dados relacional e descobriu que nenhuma empresa tinha se empenhado em comercializar essa tecnologia.

167. Sistemas de Informação: Conjuntos de elementos inter-relacionados que coletam, processam, armazenam e distribuem informações para apoiar a tomada de decisões e o funcionamento das organizações.

168. Taxonomia. É um sistema de classificação usado para organizar informações em categorias hierárquicas. Ajuda na navegação e na localização de informações relevantes.

169. Usuário. Pessoas que utilizam o elemento de tecnologia.

170. Validação. Verificação da qualidade e integridade dos dados, garantindo sua precisão e consistência.

171. Visualização de Dados. É a representação gráfica de informações para facilitar a compreensão e a análise. Gráficos, mapas, diagramas e infográficos são exemplos de técnicas de visualização de dados.

172. Visualização. Representação gráfica dos dados de forma intuitiva, facilitando a compreensão e a análise pelos usuários.

173. Web Semântica. É uma extensão da World Wide Web que visa tornar a informação compreensível tanto para humanos quanto para máquinas. Utiliza ontologias e metadados para atribuir significado aos dados e permitir uma melhor organização e recuperação das informações na Web.

11 PERGUNTAS FREQUENTES.

1. Pergunta: O que é informação?

Resposta: Informação é um conjunto de dados organizados e significativos, que possuem valor e podem ser utilizados para tomada de decisões ou para obter conhecimento sobre determinado assunto.

2. Pergunta: O que é ciência?

Resposta: Ciência é um conjunto de conhecimentos sistemáticos e racionais obtidos por meio de observações, experimentações e análises. Tem como objetivo compreender e explicar os fenômenos naturais e sociais.

3. Pergunta: Qual é a relação entre informação e ciência?

Resposta: A informação é fundamental para o desenvolvimento da ciência, pois é por meio dela que são registrados os dados coletados, os resultados das pesquisas e as descobertas científicas. A ciência utiliza a informação como base para produzir e compartilhar conhecimento.

4. Pergunta: O que é tecnologia?

Resposta: Tecnologia é o conjunto de conhecimentos e técnicas aplicados na prática para produzir, desenvolver ou aprimorar produtos, processos e serviços. Envolve a utilização de ferramentas, máquinas, equipamentos e sistemas para resolver problemas e satisfazer necessidades humanas.

5. Pergunta: Qual é a relação entre informação e tecnologia?

Resposta: A informação é essencial para o funcionamento da tecnologia. Ela é processada, armazenada e transmitida por meio de sistemas tecnológicos, como computadores, redes de comunicação e dispositivos eletrônicos. A tecnologia utiliza a informação como matéria-prima para criar e disponibilizar serviços, produtos e soluções inovadoras.

6. Pergunta: Como a ciência, a informação e a tecnologia se complementam?

Resposta: A ciência produz conhecimento por meio da análise de informações. A tecnologia utiliza esse conhecimento para desenvolver soluções inovadoras. A informação é o elemento que conecta a ciência à tecnologia, fornecendo os dados necessários para o avanço científico e o desenvolvimento tecnológico.

7. Pergunta: Em que aspectos a informação é importante para a sociedade?

Resposta: A informação é importante para a sociedade em vários aspectos, como possibilitar o acesso ao conhecimento, tomar decisões informadas, promover a transparência, facilitar a comunicação e a troca de ideias, impulsionar a inovação e o desenvolvimento econômico, além de ser fundamental para a educação e o progresso social.

8. Pergunta: Como a ciência contribui para o avanço da sociedade?

Resposta: A ciência contribui para o avanço da sociedade ao fornecer conhecimentos e soluções para problemas complexos. Ela permite o desenvolvimento de novas tecnologias, avanços na medicina, compreensão dos fenômenos naturais e sociais, além de promover a inovação, a sustentabilidade e o progresso econômico.

9. Pergunta: Quais são os principais impactos da tecnologia na vida cotidiana?

Resposta: A tecnologia tem impactos significativos na vida cotidiana, como facilitar a comunicação e a conexão entre as pessoas, agilizar tarefas e processos, permitir acesso a informações e serviços, proporcionar entretenimento e lazer, melhorar a qualidade de vida, impulsionar a produtividade e criar novas oportunidades de negócios.

10. Pergunta: Como a ciência, a informação e a tecnologia podem ser aliadas na resolução de problemas?

Resposta: A ciência fornece conhecimento e métodos para entender e resolver problemas complexos. A informação é a base para a geração de conhecimento científico e tecnológico. A tecnologia, por sua vez, utiliza esse conhecimento para desenvolver soluções práticas e inovadoras. Juntas, essas três áreas podem colaborar para solucionar desafios nas mais diversas áreas, como saúde, meio ambiente, segurança, entre outros.

11. Pergunta: Quais são as responsabilidades éticas associadas à gestão da informação?

Resposta: As responsabilidades éticas associadas à gestão da informação incluem garantir a privacidade e a segurança dos dados, respeitar os direitos autorais e a propriedade intelectual, evitar práticas discriminatórias e injustas no uso da informação, garantir a transparência na coleta e no uso dos dados e atuar de acordo com os princípios de honestidade, integridade e imparcialidade.

12. Pergunta: Como a ciência, a informação e a tecnologia podem contribuir para a sustentabilidade ambiental?

Resposta: A ciência pode fornecer conhecimentos sobre os impactos ambientais das atividades humanas e ajudar a identificar soluções para reduzir esses impactos. A informação é fundamental para o monitoramento e a avaliação dos recursos naturais, bem como para a tomada de decisões sustentáveis. A tecnologia, por sua vez, pode ser utilizada para o desenvolvimento de tecnologias limpas, energias renováveis e sistemas de gestão ambiental mais eficientes.

13. Pergunta: Quais são os desafios da gestão da informação na era digital?

Resposta: Alguns desafios da gestão da informação na era digital incluem a enorme quantidade de dados disponíveis, a necessidade de garantir a segurança e a privacidade dos dados pessoais, a rápida evolução tecnológica que demanda atualização constante dos sistemas e práticas, a dificuldade de filtrar e encontrar informações relevantes em meio ao excesso de dados e garantir a confiabilidade e a qualidade dos dados coletados.

14. Pergunta: Como a ciência, a informação e a tecnologia podem promover a inclusão digital?

Resposta: A ciência pode fornecer conhecimentos e pesquisas para compreender as desigualdades digitais e propor soluções para superá-las. A informação pode ser utilizada para conscientizar sobre a importância do acesso à tecnologia e do desenvolvimento de habilidades digitais. A tecnologia, por sua vez, pode oferecer soluções acessíveis e inclusivas, como dispositivos e softwares adaptados, além de programas de capacitação e inclusão digital.

15. Pergunta: Quais são os impactos da disseminação de informações falsas na sociedade?

Resposta: A disseminação de informações falsas, também conhecidas como fake news, pode causar danos significativos à sociedade. Isso inclui a propagação de desinformação, a manipulação de opiniões públicas, a disseminação de teorias da conspiração, a divisão social, a desconfiança em instituições e na mídia, além de potencialmente afetar a tomada de decisões informadas. Combater a disseminação de informações falsas é fundamental para preservar a integridade do processo democrático e promover uma sociedade mais justa e informada.

16. Pergunta: Como a ciência, a informação e a tecnologia podem contribuir para a educação?

Resposta: A ciência, por meio de pesquisas e estudos, expande o conhecimento humano e fornece bases sólidas para a educação. A informação, seja em livros, artigos científicos ou recursos online, é essencial para o aprendizado e o desenvolvimento de habilidades. A tecnologia, como plataformas educacionais, recursos digitais e ferramentas interativas, pode ampliar o acesso à educação, torná-la mais personalizada e facilitar o processo de ensino-aprendizagem.

17. Pergunta: Como a ciência contribui para o avanço da sociedade?

Resposta: A ciência contribui para o avanço da sociedade ao fornecer conhecimentos e soluções para problemas complexos. Ela permite o desenvolvimento de novas tecnologias, avanços na medicina, compreensão dos fenômenos naturais e sociais, além de promover a inovação, a sustentabilidade e o progresso econômico.

18. Pergunta: Quais são os principais impactos da tecnologia na vida cotidiana?

Resposta: A tecnologia tem impactos significativos na vida cotidiana, como facilitar a comunicação e a conexão entre as pessoas, agilizar tarefas e processos, permitir acesso a informações e serviços, proporcionar entretenimento e lazer, melhorar a qualidade de vida, impulsionar a produtividade e criar novas oportunidades de negócios.

19. Pergunta: Como a ciência, a informação e a tecnologia podem ser aliadas na resolução de problemas?

Resposta: A ciência fornece conhecimento e métodos para entender e resolver problemas complexos. A informação é a base para a geração de conhecimento científico e tecnológico. A tecnologia, por sua vez, utiliza esse conhecimento para desenvolver soluções práticas e inovadoras. Juntas, essas três áreas podem colaborar para solucionar desafios nas mais diversas áreas, como saúde, meio ambiente, segurança, entre outros.

20. Pergunta: Quais são as responsabilidades éticas associadas à gestão da informação?

Resposta: As responsabilidades éticas associadas à gestão da informação incluem garantir a privacidade e a segurança dos dados, respeitar os direitos autorais e a propriedade intelectual, evitar práticas discriminatórias e injustas no uso da informação, garantir a transparência na coleta e no uso dos dados e atuar de acordo com os princípios de honestidade, integridade e imparcialidade.

21. Pergunta: Quais são os desafios da gestão da informação na era digital?

Resposta: Alguns desafios da gestão da informação na era digital incluem a enorme quantidade de dados disponíveis, a necessidade de garantir a segurança e a privacidade dos dados pessoais, a rápida evolução tecnológica que demanda atualização constante dos sistemas e práticas, a dificuldade de filtrar e encontrar informações relevantes em meio ao excesso de dados e garantir a confiabilidade e a qualidade dos dados coletados.

22. Pergunta: Como a informação, a ciência e a tecnologia podem ser aplicadas no setor da saúde?

Resposta: A informação pode ser utilizada para compartilhar conhecimentos médicos, pesquisas e práticas eficazes. A ciência contribui para o avanço dos tratamentos médicos, diagnósticos precisos e prevenção de doenças. A tecnologia é aplicada em equipamentos médicos avançados, registros eletrônicos de saúde, telemedicina e desenvolvimento de medicamentos.

23. Pergunta: Quais são os desafios éticos relacionados à coleta e uso de informações pessoais?

Resposta: Os desafios éticos incluem garantir o consentimento informado, a privacidade e a segurança das informações pessoais, evitar o uso indevido de dados e a discriminação, além de garantir a transparência e a responsabilidade no tratamento das informações.

12 REFERÊNCIAS BIBLIOGRÁFICAS.

12.1   Referências de Consulta.

ANDERLA, G. (1979). A informação em 1985. Rio de Janeiro: CNPq/IBICT, 1979.

ANTON, A. I., McCRACKEN, W. M., POTTS, C., 1994. "Goal Decomposition and Scenario Analysis in Business Process Reengineering". In: Proceedings of the 6th International Conference on Advanced Information Systems Engineering (CAiSE'94), Springer, Utrecht, NL (Jun), pp. 94-104.

ARAUJO, V.M.R.H. de. (1991). Informação: instrumento de dominação e de submissão. Revista Ciência da Informação, v. 20, n. 1, p. 37-44, jan./jun.

ARAUJO, V.M.R.H. de. (1995) Sistemas de Informação: nova abordagem teórico conceitual. Revista Ciência da Informação, v. 24, n. 1, p. 37-44.

BARRETO, A. A. (1996) Eficiência técnica e econômica e a viabilidade de produtos e serviços de informação. Revista Ciência da Informação, v.25. n.3, p.405-414, set/dez.

BELKIN, N.J. (1978). Information concepts for information science. Journal of Documentation, v. 34, n. 1, p. 55-85.

BELKIN, N.J., ROBERTSON, S.E. (1976) Information science and the phenomenon of information. Jasis, v.27, n.4, p.197-204.

BELL, T. E., THAYER, T. A., 1976. "Software Requirements: Are They Really a Problem?". In: Proceedings of International Conference on Software Engineering (ICSE-2), San Francisco, CA, pp. 61-68.

BRETON, P. & PROULX S. (1989). L'explosion de la communication. la naissance d'une nouvelle idéologie. Paris: La Découverte.

BUBENKO, J. A., WANGLER, B., 1993. "Objectives Driven Capture of Business Rules and of Information System Requirements". IEEE Systems Man and Cybernetics'93 Conference, Le Touquet, France.

CASTRO, J., KOLP, M., MYLOPOULOS, J., 2002. "Towards Requirements-Driven Information Systems Engineering: The TROPOS Project". Information Systems 27(6): 365-389.

CASTRO, J.; KOLP, M.; MYLOPOULOS, J., 2001. "A requirements-driven development methodology". In: Proceedings of the 13th International Conference on Advanced Information Systems Engineering (CAiSE-01), Interlaken, Switzerland.

CHERRY, C. (1974) A comunicação humana. São Paulo: Cultrix, Ed. da USP.

CHUNG, L., NIXON, B., YU, E., MYLOPOULOS, J., 2000. Non-Functional Requirements in Software Engineering. Kluwer Publishing.

COMPUTER, 1985. Special Issue on Requirements Engineering, IEEE Computer.

CYSNEIROS, L. M., LEITE, J., 2001. "Using the Language Extended LExicon to Support NFR Elicitation". In: Proceedings of the 5th Workshop on Requirements Engineering, Buenos Aires, Argentina (Nov).

DARDENNE, A., VAN LAMSWEERDE, A., FICKAS, S., 1993. "Goal Directed Requirements Acquisition". Science of Computer Proggraming, 20, pp.3-50.

DOBSON, J. S., 1992. "A Methodology for Managing Organizational Requirements". University of Newcastle upon Tyne, UK.

DORFMAN, M., THAYER, R. H., 1990. Standards, Guidelines and Examples of System and Software Requirements Engineering. Los Alamitos, CA, IEEE Computer Society Press.

DRUCKER, P. (1993) Post-capitalist society. Harder Business, New York.

DRUCKER, Peter. (1995). Administrando tempos de grandes mudanças. São Paulo: Ed. Pioneira, Cap.12 As informações que os executivos necessitam, p.75-89.

ELMASRI, R.; WUU, Gene T. J.; KORAMAJIAN, Vram. 1993. A Temporal Model and Query Language for EER Databases. In: Tansel, A. et al. Temporal Databases: theory, designs and implementation. Redwood City: The Benjamim/Cummings Publishing, p.212-229.

ELMASRI, R; KOURAMA-JIAN, Vram. 1992. A Temporal Query Language Based on Conceptual Entities and Roles. In International Conference on the EntityRelationship Approach, 11, 1992, Karlsruhe, Germany. Proccedings Berlin: Springer Verlag, p.375-388. (Lecture Notes in Computer Science, v.645).

FERG, S. 1985. Modeling the Time Dimension in an Entity-Relationship Diagram. In 4th International Conference on the Entity-Relationship Approach, p. 200-286, Silver Spring, MD. Computer Society Press.

HEILPRIN, L. B. (1989) Foundations of Information Science reexamined. Annual Review of Information Science and Technology, v.24, p. 343-372.

HELBIG C, RINK K, Marx A, PRIESS J, FRANK M, KOLDITZ O (2012) Visual integration of diverse environmental data : a case study in Central Germany. In: Proceedings of iEMSs Conference 2012, Leipzig, Germany, pp 1–8

IEEE, 1984. IEEE Std. 830 - IEEE Guide to Software Requirements Specification. The Institute of Electrical and Electronics Engineers, New York, USA.

IEEE, 1998. IEEE/ANSI 830-1998, Recommended Practice for Software Requirements Specifications, IEEE, NY. In: Proceedings of the 22nd International Conference on Software Engineering (ICSE), Limerick, Ireland (Jun).

JACKSON, M., 1995. Software Requirements and Specifications: A Lexicon of Practice,

JACOBSON, I., 1992. Object Oriented Software Engineering: A Use Case Driven Approach. Addison-Wesley, New York.

JARVELIN, K. & Vakkari, P. (1993) The evolution of Library and Information Science 1965-1985: a content analysis of journal articles. Information Processing & Management, v.29, n.1, p. 129-144.

KETTL, Donald. (1996), The Global Revolution. Trabalho apresentado no seminário Reforma do Estado na América Latina e no Caribe. MARE/BID/ONU, Brasilia.

KING, W. R., GROVER, V., HUFNAGEL, E. H. (1989) Using information and information technology for sustainable competitive advantage: some emprirical evidence. Information & Management, 17.

KLOPPROGGE, M. R. 1981. TERM: An Approach to Include the Time Dimension in the Entity-Relationship Model. In Proceedings of the Second International Conference on the Entity Relationship Approach, p. 477-512, Washington, DC.

KOTONYA, G., SOMMERVILLE, I., 1997. Requirements Engineering: Processes and Techniques. Wiley, John & Sons Inc.

LEFFINGWELL, D., WIDRIG, D., 2000. Managing Software Requirements: A Unified Approach. G. Booch, I. Jacobson, J. Rumbaugh (eds.) The Object Technology Series, Addison-Wesley, NY.

LEITÃO, D.M. (1993) A informação como insumo estratégico. Ciência da Informação, Brasília, v.22, n.2, p.118-123, maio/ago.

LEITE, J., et al., 1997. "Enhancing a Requirements Baseline with Scenarios". In: proceedings of the Third IEEE International Symposium on Requirements Engineering, IEEE Computer Society Press, Los Alamitos, CA, USA, pp. 44-53.

LOUCOPOULOS, P., KARAKOSTAS, V., 1995. System Requirements Engineering, McGraw-Hill, London.

LOUCOPOULOS, P., KATSOULI, E., 1992. Modelling Business Rules in an Office Environment. ACM SIGOIS (Aug).

LOUCOPOULOS, P.; THEODOULIDIS, C.; WANGLER, B. 1991. The Entity Relationship Time Model and Conceptual Rule Language. In International Conference on the Entity Relationship Approach, 10, San Mateo, California.

MACAULAY, L. A., 1996. Requirements Engineering. Springer, London. Referências MacDONALD, I. G., 1986. "Information Engineering". In: Olle T. W., Sol H. G., e Verrijn- Stuart A. A. (eds.) Information System Design Methodologies: Improving the Practice, Elsevier/North Holland, Amsterdam.

MACEDO, N., LEITE, J., 1999. "Elicit@99: Um Protótipo de Ferramenta para a Elicitação de Requisitos". In: Proceedings of the II (Ibero-American) Workshop on Requirements Engineering (WER99), Buenos Aires, Argentina (Sep).

MACHADO, Felipe Nery Rodrigues, Projeto de Banco de Dados: uma visão prática/Felipe Nery Rodrigues Machado, Maurício Pereira de Abreu, São Paulo, Editora Erica, 1996. (Livro texto)

MACHADO, Felipe Nery Rodrigues. 2018. Banco de Dados-Projeto e Implementação. [S.l.]: Editora Saraiva.

MAIDEN, N., 1998. "CREWS-SAVRE: Scenarios for Acquiring and Validating Requirements". Automated Software Engineering, 5(4): 419-446.

McDERMID, J., 1994. "Requirements Analysis: Orthodoxy, Fundamentalism and Heresy". In: Jirotka M. e Goguen J. A. (eds.) Requirements Engineering: Social and Technical Issues, Academic Press, London, pp. 17-40.

MERCURIO, V., MEYERS, B. F., NISBET, A. M., RADIN, G., 1990. AD/Cycle Strategy and Architecture. IBM Systems Journal, 29(2).

MEYER, Bertrand. Object-Oriented Software Construction. Prentice-Hall,1997.

MYLOPOULOS, J., CHUNG, L., LIAO, S., WANG, H., YU, E., 2001. "Exploring Alternatives during Requirements Analysis". IEEE Software (Jan/Feb), pp. 2-6.

MYLOPOULOS, J., CHUNG, L., NIXON, B., 1992. "Representing and Using Non-Functional Requirements: A Process-Oriented Approach". IEEE Transactions on Software Engineering, Vol. 18, No. 6 (Jun), pp. 483-497.

NELLBORN, C., BUBENKO, J., GUSTAFSSON, M., 1992. "Enterprise Modelling – The Key to Capturing Requirements for Information Systems". Deliverable 3-1-3-R1,

NUSEIBEH, B., EASTERBROOK, S., 2000. "Requirements Engineering: A Roadmap".

PERSIVAL, I. (1992). Chaos: a science for the real world. In: Hall, N. (ed.) The new scientist guide to chaos. London: Penguin Books.

POHL, K., 1993. "The Three Dimensions of Requirements Engineering". In: Rolland C., Bodart F., Cauvet C. (eds.) 5th International Conference on Advanced Information Systems Engineering (CAiSE'93), Springer-Verlag, Paris, pp. 275-292.

PRIETO-DIAZ, R., 1990. "Domain Analysis: An Introduction". ACM SIGSOFT, Software Engineering Notes, Vol. 15, No. 2 (Apr), pp. 47-54.

ROBINSON, R., 1996. "Put The Rapid Into RAD". Datamation, Vol. 42, No. 4 (Feb), 80(1).

RUMBAUGH, J. et al., 1991. Object-Oriented Modeling and Design. First Edition, Prentice Hall, Englewood Cliffs, NJ, 1991.

SCHNEIDER, G., WINTERS, J., 1998. Applying Use Cases: A Practical Guide. Addison-Wesley, New York.

SHAW, M., GAINES, B., 1995. "Requirements Acquisition". Software Engineering Journal, vol. 11.

SHERA, J. H. & Cleveland, D. B. (1977). History and foundations of Information Science. Annual Review of Information Science and Technology, v. 12, p.248-275.

SOMMERVILLE, I., 2007. Software Engineering. Eigth Edition, Addison Wesley.

TAUZOVICH, Branka. 1991. Towards Temporal Extensions to the Entity Relationship Approach, San Mateo, California.

TORANZO, M. A., 2002. "Uma Proposta para Melhorar o Rastreamento de Requisitos de Software". Centro de Informática, Universidade Federal de Pernambuco, Tese de Doutorado, Dezembro/2002.

VAN LAMSWEERDE, A., 2000. "Requirements Engineering in the year 00: A Research Perspective". In: Proceedings of the 22nd International Conference on Software Engineering (ICSE), Limerick, Ireland (Jun).

VAN LAMSWEERDE, A., DARDENNE, A., DUBISY, F., 1991. "The KAOS Project: Knowledge Acquisition in Automated Specification of Software". In: Proceedings of the AAAI Spring Symposium Series, Stanford University (Mar).

VILLER, S., SOMMERVILLE, I., 1999. "Social Analysis in the Requirements Engineering Process: From Ethnography to Method". In: Proceedings of the 4th International Symposium on Requirements Engineering, Limerick, Ireland (Jun).

WIERINGA, R. J., 1996. *Requirements Engineering: Frameworks for Understanding.* John Wiley e Sons, New York.

YU, E., 1995. *"Modelling Strategic Relationships for Process Reengineering". Phd Thesis, University of Toronto.*

YUEXIAO, C. (1988) *Definitions and sciences of information. Information Processing & Management, v. 24, n. 4, p. 479-491.*

ZAVE, P., 1997. *Classification of Research Efforts in Requirements Engineering. ACM Computer Surveys, Vol. 29, No. 4.*

ZEMAN, J. (1970) *Significado filosófico da noção de informação. In: O conceito de informação na ciência contemporânea. Trad. Maria Helena Kühner. Rio de Janeiro: Paz e Terra.*

12.2   Referências eletrônicas.

ÁVILA, Thiago J. T. 2015. *Uma proposta de modelo de processo para publica¸c˜ao de Dados Abertos Conectados Governamentais. Disponível em: http://www.consultaesic.cgu.gov.br/busca/dados/Lists/Pedido/Attachments/57143 7/RESPOSTA_PEDIDO_Thiago%20Avila%20-%20Dissertao%20-%20PPGMCC.pdf. Acesso em 12 dez.2019.*

DAVIES, T. 2010. *Open data, democracy and public sector reform. Dissertação – University of Oxford, Oxford. Disponível em: http://www.opendataimpacts.net/report/. Acesso em 29 nov. 2019.*

MANYIKA, J.; et al. 2013. *Open data: Unlocking innovation and performance with liquid information. Mackinsey & Company, Londres. Disponível em: http://www.mckinsey.com/insights/business_technology/open_data_unlocking_inn ovation_and_performance_with_liquid_information.*

SNODGRASS, r. 1985. *A Temporal Query Language. In Conference: Proceedings of the 1985 ACM SIGMOD International Conference on Management of Data, Austin, Texas, May 28-31, 1985. Disponível em: https://pdfs.semanticscholar.org/e6a7/3129290b9b2fbd7b3c4bdb38d5515aedbde 9.pdf. Acesso em 04 dez. 2019.*

SOLTYS, R., CRAWFORD, A., 1999. *"JAD for Business Plans and Designs". http://www.thefacilitator.com/htdocs/article11.html*

UBALDI, B. 2013. *Open Government Data: Towards empirical analysis of open government data iniciatives. OECD Working Papers on Public Governance, nº 22. Disponível em: http://dx.doi.org/10.1787/5k46bj4f03s7-en. Acesso em: 06 mar. 2019.*

13 CONHEÇA O AUTOR.

13.1 Prof. Marcão - Marcus Vinícius Pinto.

Figura 32– Prof. Marcão e suas plataformas.

Em minha carreira, que tem sido marcada por décadas de experiência em tecnologia da informação e marketing, é importante destacar minha busca constante pelo aperfeiçoamento e pelo profundo entendimento da ciência da informação e do funcionamento complexo da mente humana.

Apesar do desafio de viver com uma deficiência física, mais especificamente a ausência do pé esquerdo, esse fato singular tem me impulsionado a buscar constantemente superações e a valorizar a singularidade de cada indivíduo.

Atualmente, estou em um momento de consolidação na minha carreira como escritor. Estou profundamente envolvido com temas relacionados à ciência da informação e procuro trazer à tona uma visão perspicaz e abrangente sobre os processos complexos de armazenamento, organização e disseminação de dados.

Por meio das minhas palavras, busco desvendar as complexidades do ser humano e sua mente em todas as suas nuances.

Durante essas décadas, dediquei-me intensamente a projetos de arquitetura da informação, engenharia de atributos e desenvolvimento de software, utilizando diferentes metodologias para garantir a eficiência e qualidade dos produtos que tenho orgulho de criar.

Percebo a importância de propor metodologias que permitam otimizar recursos e melhorar a qualidade dos projetos em bases de dados. Destaco, nesse sentido, os padrões de modelagem de dados e de Data Warehouse, bem como a metodologia de validação e gerenciamento de modelos de dados, fundamentais para alcançar resultados sólidos e confiáveis.

Além de atuar como consultor empresarial, onde ofereço soluções inovadoras para problemas complexos e ajudo as organizações a superarem desafios, também me dedico a compartilhar meus conhecimentos por meio de palestras, treinamentos e mentoria de carreiras e desenvolvimento empresarial.

Ao mesmo tempo, sou produtor de conteúdo no YouTube, o que me permite disseminar ideias e dialogar com um público ávido por conhecimento e inovação.

Ao longo da minha trajetória, tive o privilégio de publicar 32 livros até o momento, todos disponíveis na plataforma da Amazon, proporcionando acesso a um amplo público em busca de conhecimento e insights aprofundados.

No entanto, mesmo envolvido em todas essas atividades profissionais, nunca deixo de lado meu constante processo de aprendizado, encontrando felicidade nas pequenas coisas e perseguindo meus verdadeiros propósitos de ajudar aqueles que me procuram.

Tenho um profundo respeito por todos e dedico-me a atividades que transcendem o trabalho, como o estudo do universo da música no piano.

Além disso, minha vida pessoal também é importante para mim. Sou casado com minha amada esposa, Andréa, desde 1998, e nossa união é repleta de felicidade e companheirismo.

13.2   Alguns livros publicados pelo Prof. Marcão.

Figura 33 - Livros sobre Dados Abertos do Prof. Marcão.

13.3 Livros sobre Dados Abertos do Prof. Marcão.

Figura 34 - Livros sobre Dados Abertos do Prof. Marcão.

13.4   Como contatar o Prof. Marcão.

Para palestras, treinamento e mentoria empresarial faça contato no meu perfil no LinkedIn ou pelo e-mail marcao.tecno@gmail.com.

Será um prazer interagir com você.

Prof. Marcão – MARCUS VINÍCIUS PINTO

CONSULTORIA | MENTORIA | TREINAMENTO | PALESTRAS

marcao.tecno@gmail.com

https://bit.ly/linkedin_profmarcao

Seja meu seguidor e tenha acesso a conteúdos imperdíveis!

Instagram: https://bit.ly/3tpZ5kp

YouTube: https://bit.ly/4ah44nT

Linkedin: https://bit.ly/linkedin_profmarcao

Minha página de autor na Amazon: https://amzn.to/3S2xCgL

Spotify: https://spoti.fi/3c0fClN

Linktree: https://linktr.ee/tudo_prof.marcao

MINHA EMPRESA DE CONSULTORIA: https://mvpconsult.com.br/

Figura 35 – Vamos valorizar os professores.

www.ingramcontent.com/pod-product-compliance
Lightning Source LLC
LaVergne TN
LVHW081522050326
832903LV00025B/1583